한 자루 향이 되어

추천의 글

　전설에 보면 죽지 않고 사는 불사조가 나옵니다. 새 중에 죽지 않고 사는 새는 없습니다. 그것은 의식의 각성을 통해서 한 번 죽었다 다시 살아날 수 있는 사람만이 가능한 것입니다. 태양에는 세 발 달린 불사조不死鳥인 삼족오三足烏가 살고 있다고 합니다.

　그 삼족오는 바로 탐진치 삼독이 정화되어 계정혜 삼학으로 변화한 의식이 깨어난 붓다를 상징하는 것입니다. 태양의 강렬한 빛에 번뇌와 망상이 태워져 재가 되고 그 재 위에서 다시 살아난 빛의 존재가 바로 삼족오인 것입니다.

　열반경에 보면 석가모니 붓다는 열반의 시간이 가까이 오자 자신이 누울 침상을 준비하라 하고 오른쪽으로 몸을 돌려 누우셨습니다. '티베트의 사자' 서에는 죽음이 가까이 온 사람의 몸을 오른쪽을 향하여 눕히라고 되어 있습니다. 왜 왼쪽이 아니고 오른쪽일까요?

　평상시 지구는 태양을 중심으로 하여 왼쪽으로 돌아갑니다. 색色, 곧 현상의 삶이란 태양의 빛이 없으면 불가능합니다. 그래서 인간 현실의 삶은 생리, 심리, 논리가 모두 왼쪽으로 돌아가게 되어 있습니다.

음식물의 소화를 촉진시키거나 활발한 대인관계에 필요한 에너지의 생성이나 현실적응을 위한 두뇌계발을 위해서는 왼쪽으로 누워있는 것이 좋습니다. 이것은 좌측 뇌를 자극하는 효과를 발생시키기도 합니다.

그러나 오른쪽은 태양의 입장에서 지구를 바라보는 시각인 것입니다. 공空은 물질의 시작인 탄생과 죽음인 소멸과 관계되어 있습니다. 그러므로 오른쪽은 본질인 태양의 본성을 회복한다는 의미를 지닙니다.

지구는 삶이요, 태양은 그 지구의 삶의 현상을 일으켰다가 사라지게 하는 주재자이면서 지구의 존재방식과 정 반대의 의미를 지닙니다. 지구를 변화하는 삶의 현장이라고 하면 태양은 움직임이 제로의 상태에 머물러 있는 중심점인 죽음입니다.

지구적인 끌어모으는 방식을 떨치고 빛을 쏟아내는 태양적인 방식으로 삶을 전환시키기 위해서는 현재 의식이 죽고 본성이 깨어나는 의식의 각성이 일어나야 합니다.

의식이 죽음에서 깨어난 붓다는 본질적인 존재로 태양이 지구를 향하는 관점인 태양의 눈을 가진 자입니다. 생성과 변화와 발전이란 태양을 바라보는 지구적인 관점인 지구의 눈을 가진 자에게만 있습니다.

그러므로 태양의 관점을 갖는 죽음에서 깨어난 붓다는 자기를 위한 생성과 변화와 발전은 더 이상 아무런 의미가 없습니다. 그것은 음과 양이라는 두 축을 만들어 내어 '사계절 운동'이라는 생로병사를 따르는 지구적인 자전과 공전의 삶의 방식에 집착되어 있을 때에만 가능한 몸짓이기 때문입니다.

　물질의 특성인 끌어모으는 삶의 방식에서 벗어나 태양적인 특성인 베푸는 삶의 방식으로의 삶의 전환이 바로 고품격 인간으로 나아가는 길입니다.
　물질을 많이 끌어모은 재벌, 권력을 많이 쥔 권력자, 지식을 많이 끌어모은 지식인, 사람들의 관심을 많이 끄는 인기인 등은 모두 지구적인 특성을 잘 활용해서 많이 끌어모은 사람들입니다.
　그렇다고 그들이 위대하고 고품격의 인격을 지닌 존경받는 분들이라고 가치를 매길 수는 없습니다. 그들은 소유한 양만큼 마음은 가난하고 그래서 더욱더 탐욕적인 인간으로 나아가게 됩니다.

　깨달은 붓다는 개인적으로 아무것도 끌어모은 것이 없는 사람이며 물질이나 권력이나 지식이나 인기나 그 어떤 것도 소유할 필요를 느끼지 못하고 소유하지 않은 자입니다.
　그는 모든 것을 가지고도 갈등하며 불만족 속에서 고통스러운 삶을 살아가는 지구적인 삶의 방식에 사로잡힌 사람들에게 진정한 행복이란 세상을 위해 헌신하는 태양적인 삶의 방식에 있다는 것을 말해주는 사람입니다.
　나의 도반 종학스님이 이번에 기도와 명상수행의 과정에서 느꼈던 마음들을 한 권의 책자로 모아서 출간하게 되었습니다.

　삶에 목말라하는 대중의 마음속 갈증을 해소하는 데 도움이 되리라 여기며 추천의 글을 올리게 되는 영광을 얻었습니다.

　이 한 권의 책자를 접하는 분들이 채워도 채워도 만족할 줄 모르는 지구적인 삶의 방식에서 벗어나 비우면 비울수록 자존감이 높아지고 당당해지고 행복이 충만해지는 태양적인 삶의 방식을 이해하고 거룩한 빛의 무리 속에 합류하는 발심의 계기가 되었으면 합니다.
　그래서 태양의 빛 가지에 둥지를 틀고 영생하는 불사조不死鳥인 삼족오三足烏의 영광되고 화려한 날갯짓을 함께할 수 있게 되길 기원하면서 일독을 권하는 바입니다.

2018년 가을 선몽토굴에서
해복解卜 합장

열면서

세상에 태어나
세상이 고통임을 알았습니다.
그래서 목 놓아 울었습니다.
그러나 당신을 만나
다시 태어나는 축복을 통해
세상이 빛임을 알았습니다.
그래서 활짝 웃었습니다.
지난 세월 동안
한 방울 한 방울의 눈물 속엔
아픔이 담겨 있었지만
이제는
웃음 빛, 한 줄기 한 줄기 마다
기쁨을 주렁주렁 매달고 살아갑니다.
그러나 당신은 나에게
또 다른 숙제를 주셨습니다.
중생을 향한
고통과 눈물이라는
연민을 말입니다.

중생의 고통스러운 삶의 모습에 눈 감고 귀 막으면 보이지도 들리지도 않겠지만, 마음을 깨닫기 위해 수행해가는 보살은 그럴 수가 없습니다. 이웃의 움직임과 생활모습을 낱낱이 보고 느끼기에 아파하지 않을 수 없습니다.

이것이 이 작은 책자를 쓰게 한 이유이기도 합니다. 고달픈 삶을 살아가는 이웃들에게 조금이나마 위로와 용기와 희망이 되었으면 하는 바람에서입니다.

지장보살님은 지옥문 앞에서 항상 눈물 흘리시고 계신다 하십니다. 마치 사형선고를 받고 죽을 날만 기다리는 자식을 생각하며 교도소 담벼락을 바라보며 울고 계시는 어머니의 마음이 바로 보살의 마음이 아닌가 합니다.

의복을 제대로 갖춰 입지도 못하고 머리에 띠 하나 두르고 서둘러 대문 밖으로 뛰쳐나가는 맨발의 모습을 하고 있는 지장보살님이야말로 모든 중생을 제도하시겠다는 모든 수행자들의 간절한 원이기도 합니다.

가야 할 길이 아직 구만리장천九萬里長天이지만 그래도 인연이 된 분들의 마음에 갈증이 다소나마 해소될 수 있다면 다행이겠다는 마음으로 제 마음을 글로 옮겨봤습니다. 본 소책자에 인연이 되신 모든 분들에게 부처님의 자비의 빛이 충만하시길 기원 드리겠습니다.

불기 2562년 참선체조 전문도량 반야선원

종학 합장

차례

추천의 글 / 2
열면서 / 6

한 자루 향이 되어 / 15
축시祝詩 / 17
기도의 빛 / 20
연꽃 / 23
님의 침묵 / 24
색깔 있는 사람과 빛깔 있는 사람 / 26
가사와 발우 / 28
열반의 불꽃 / 31
죽어가는 것 곧 살아가는 것 / 32
두 손을 / 36
오늘 / 38
목탁木鐸 / 40
오직 님과 함께 / 42
인생은 물들고 물들어가는 것 / 43
운수납자雲水衲子 / 45
맑고 향기로움 / 47
금강에 살으리랏다 / 49

지팡이를 버려라 / 53

행복을 위한 기도 / 57

몸과 맘 해독하기 / 59

고향 / 60

물방울 / 62

물에서 지혜를 배운다 / 64

비 내림 / 66

살아있는 것은 다 흔들린다 / 68

과일 공양을 하면서 / 73

과일을 바라보며 / 74

빈 마음 / 75

겨울의 메시지 하심下心 / 79

봄의 왈츠(waltz) / 82

자기 사랑(살리기) / 85

오행의 선글라스를 벗어라 / 88

물처럼 음식을 마셔라 / 91

엄마의 된장국 / 95

명절은 근본을 밝히라는 의미 / 96

어제 새로 들어온 찻잔 / 98

아기는 / 100

행복하기 / 102

청정淸淨 / 104

동짓날 새알을 비빈다 / 106

새해 아침에 / 107

인생이란 / 108

자기가 / 110

침묵하라는 것은 / 112
물질 / 113
계율이란 / 114
바보처럼 / 115
침묵의 소리를 / 116
십자의 꿈 / 117
오늘도 / 118
욕망을 / 120
아침, 저녁으로 / 121
명상이란 / 123
말이란 / 124
가을은 / 125
나무는 / 126
비우고 / 127
생각을 비어 / 130
똑같은 / 131
무인도 삼가三歌 / 133
마음 사용하는 대로 / 134
놓는 연습 / 136
10초 발우명상 / 137
마음을 / 138
복 씨를 뿌리자 / 139
동행 / 140
몸은 / 142
혼자든 / 144
육하원칙 / 146

걱정도 팔자 / 148
나의 / 150
예수님은 / 151
이 세상의 움직임은 모든 것이 변합니다 / 153
왜 비우라고 하는가? / 154
출가사문이란 / 156
떠오르는 태양 / 158
텅 비어 있는 허공 / 160
세상은 / 162
보는 대로 / 163
때에 맞는 몸짓 / 164
웃음의 효과 / 165
향기로운 삶 / 167
미안하고 감사하고 / 168
잘 먹고 잘 걷자 / 172
빈손으로 왔으니 빈손으로 돌아가라 / 174
나를 바꾸자 / 177
시작과 끝을 위한 준비 / 180
8월은 감사의 달 / 183
수행은 행복한 나로 살아 있는 것 / 185
생각을 / 187
뿌린 대로 펼쳐진다 / 189
텅 빔을 찾아내는 금강경의 공식 / 191
염불은 참 나를 불러낸다 / 193
마음에게 전하는 말 / 197
흘러가는 / 198

사랑하고 살리는 살림살이 / 199

자기가 / 200

압력밥솥 안에서 / 204

사랑은 / 205

절 / 206

빛 속에 어둠은 없다 / 208

전체를 대표하는 나 / 210

빛의 눈 / 213

인생사 / 214

살아 / 216

거울에 / 217

예뻐지려면 이름값을 하세요 / 218

사랑을 하면 웃게 됩니다 / 220

천상천하유아독존이란 / 221

집착 / 222

중심에 머무르는 마음이 중도 / 224

보살의 유전자 / 226

인생이란 철들어가는 것 / 227

나의 중심점 확인하기 / 228

죽음 / 231

비 오는 날에 / 233

금은 / 235

사람은 / 237

날씨란 / 239

해맑은 / 240

나무가 / 242

사람은 / 244
삶이란 / 246
오직 빛으로 살아가리 / 247
함께 / 250
몸이란 / 251
내안의 나를 / 252
하늘나라 보살이 춤을 춘다 / 254
사랑은 매 순간 나를 창조하는 것 / 257
생각이 창조자다 / 260
돌아감 / 261
나가기 / 263

참선체조수행 프로그램 안내 / 265

한 자루 향이 되어

한 자루 향이 되어
재로
떨어질 때마다
마음엔 평화가 깃들고
연기되어
사라질 때마다
몸짓은 자유를 얻어가고
님에 대한
감사의 노래는
작아지지 않고
더욱더
크게 메아리치며
터지는
가슴 속에서
쏟아낸 눈물이 이룬
바다 위에 연꽃으로 피었네!
얼마나 비어내야
몸짓에서 향기가 날까
계향이여!

얼마나 내려놔야
마음 씀씀이가 향기가 날까
정향이여!

얼마나 멈춰야
생각이 향기가 날까
혜향이여!

그리하여
머무는 곳곳마다
향기를 휘날리게 할까
해탈향이여!

그리하여
만나는 님들 마다
향기 속에 머물도록 할까
해탈지견향이여!

축시 祝詩

이 시간은 깊어가는 밤입니다.
산사 하늘 위에
반짝이던 별님들의 속삭임도 잠시 멈췄습니다.
어둠 속을 은은하게 비추며 나그네를 인도하던 달님도
잠시 가던 길을 멈췄습니다.
오늘 밤엔
인연의 바람 따라
이곳에 찾아들어
욕망에 찌든 어두운 마음을 비춰주고
아가의 해맑은 눈동자처럼
수정같이 맑은 마음을
밝혀주기 시작합니다.

빛입니다. 빛입니다.
이것은 빛입니다.
칸트의 철학도 빛이요, 뉴턴의 과학도 빛이요,
예수님의 구원도 빛이요, 부처님의 깨달음도 빛이요,
님을 사랑하는 제 마음도 빛입니다.

세상에 물들지 않는
해맑은 아가의 몸짓처럼
오늘 밤 이곳에
빛의 대합창이 일어나니
이곳이
빛이 충만한 화장세계가 펼쳐지는
하늘나라입니다.

빛입니다. 빛입니다. 이것은 빛입니다.
시 한 구절, 한 구절에 빛을 담았습니다.
친구 같은 별빛으로
달빛 같은 어머니로
햇빛 같은 아버지로도 다가오는
한 구절, 한 구절의 시들이
우리를 빛으로 감싸 안습니다.

이 시간은 깊어가는 밤입니다.
산사의 꽃향기
인연의 바람 타고
이곳에 날아와
속세의 찌든 중생의 마음을 말끔히 씻어주고

아가의 하얀 속살처럼
백옥 같은 마음을
드러내기 시작합니다.
몸은 이제 이 세상에 갓 태어난
아가의 몸으로 돌아갈 순 없지만
마음만은 지금 이 순간,
세상에 갓 태어난 아가의 마음으로 돌아갑니다.
인연입니다. 인연입니다. 이것은 인연입니다.

세상에 물들지 않은
해맑은 아가의 웃음소리
이곳에 메아리로 울려 퍼져
깨어있는 자들의 대합창을 이루니
이곳이
안락과 평화가 깃든 하늘나라입니다.
이것은 축복입니다. 축복입니다. 분명 축복입니다.

기도의 빛

울려거든
하늘 끝까지
울음소리가 울리도록
울어야 한다.
진정한 울음은
하늘 끝까지
그 마음의 파장이 전달되어
감응을 일으킨다.
그래서 울음은 울림으로 통한다.

어지러운 생각과 감정의 먹구름을
흩어버리고
새로운 자기로 태어나기 위해
쏟아내는 눈물은
맑고도 향기롭다.

흐르는
눈물방울 속엔
자기의 모든 것을 담고 있다.

폭포처럼 쏟아져 내리는
참회의 눈물 속에서
벼락같은 통곡의 소리에
수많은 생각의 파편과
아픈 감정의 덩어리들이
벼락 맞아 죽은 듯이
사라져 간다.

그리고
눈물이 아닌 사랑의 빛줄기가
쏟아져 내린다.
세상에 절망하며 눈물 속에 통곡하던
마음속에 하늘나라가 열리며
빛 속에서 웃는 자기로
거듭나는
축복의 길이 열린다.

연꽃

하늘을 향해
마음을 열고
공손히 두 손 모아
꼿꼿이 서 있는 모습은
천 년을 산다는 학의 자태도
빛을 잃게 하고

더러운 수렁에 발을 담고
서 있지만
더럽혀지지 않고
맑은 뜻 펼치어
세상을 온 가슴으로
품었네!

당신을
바라보는 마음만으로도
항상 미소를 지을 수 있고
행복을 알게 하시니
감사와 찬미가
내 입가에서 떠나지 않네.

님의 침묵

내
이 세상에 태어난 날
님은
내게
육신의 가사 한 벌을 걸쳐 주셨네.
님이
태중에서
날
품으시고
당신의 피와 살을 끌어모아 280여 일 동안
정성스럽게 만들어 주신
선물이었네.
난
그 육신의 가사를 걸치고
이 세상에 나와
"응애~"하며 울음을 터트렸다네.
그
울음의 의미를
나이 60이 다 되어서야
다시 듣게 되면서

난
목 놓아 "응애~"하며 울게 되었다네.
갓난아기 때의
첫울음은
님 혼자서 들으시며
손수 내 탯줄을 끊고 목욕까지 시키셨다고 하셨지.
북풍한설 몰아치던 새벽의 적막을 깨우기라도 하듯
울어대던 그때,
님과 난 함께였었지.
그런데
지금은
이 세상 맨 처음 함께 했던
님은
온데간데없으시다.
"응애~ 응애~ 응애"
아무리 울어 대도 대답이 없네.
님은
죽음인가요, 아니면 침묵인가요.

색깔 있는 사람과 빛깔 있는 사람

현실의 모든 고통은
한 치 앞도 분간 못 하는
어리석은 마음에 따른
탐욕이다.
모든 감정 하나하나가
색깔이 되어
내 마음을
덧칠해 놓았음을 알고
감정들을 놔버렸을 때
비로소
색깔이 흩어진 그 빈 마음에
드러나는
빛깔 있는 그대로가
편안함 가운데 즐거움이란 것을 안다.
그것은
행복한 마음이며
세상과 첫 호흡을 시작한
갓난아이의
발가벗은 마음이다.
수많은 생각과 감정들 하나하나가 색色이다.

이 색(色)들을 끌어모으는
수많은 생각들이
총명한 정신을
흐리게 하고
평화로운 마음을
혼탁하게 하고
행동을 난잡하게 만든다.
생각을
내려놓고
마음을
비우면
색깔 아닌
빛나는 생활로
행복한 인생길을 걸어가며 맑고 향기로움을 터트리는 연꽃 피어나는 생활이 된다.

가사와 발우

몸에 천하나 두르니
어느새
하늘나라가 내 품에 들어오고
한 끼의 먹거리를 얻고자
발우 들고 길거리에 나섰네.
오늘도 어느 때나 다름없이
세상의 꿈들이
내 작은 발우에 넘쳐흐른다.

비로소
맨발의 수행자가 되어
대지 위를 걷고 있는 뜻이
어디에 있는지를 알겠구나!

꿈같은
현실 속에 무슨 인연이 있겠으며
작은 하나의 먼지라도
내 것이라고 우길 것이 전혀 없다.
내가 전해줄 것은 내려놓고 비우는 삶이
행복이라는 것인데

수행자인 난
내려놓고 비울 것이라곤
발우 하나뿐이다.
이마저도
전해줄 인연이 없으니
내 가는 길에
흐르는 강물에 띄어
넓은 바다에 이르게 하리라!

○
열반의 불꽃

대자대비한 축복의 불길이
활활 타오른다.
부질없는
망상의 울타리를 태우고
우물 안
인연의 고리를 녹이며
천상천하에
편재한
본래의 순수함으로
돌아가는 초월의식을 치른다.
뿌리가 잘려
조각난 나무가
길동무 되어
불 수레를 타고
영원한 하늘로 향하니
이 또한 인연 아니리!
무상함도
고통도
실체 없음도
허공에 메아리일 뿐이구나!

죽어가는 것 곧 살아가는 것

나이 먹어간다는 것은
곧 죽음에 가까이 다가선다는 의미이다.
그것은
인연이 된 모든 것이 하나하나씩 멀어져 간다는 것이기도 하다.

눈도 멀어 보이는 것도 희미해지고
귀도 먹어 들리던 것도 희미해지고
어깨가 처지고 등이 굽어서 숨 쉬는 것도 힘이 들고
잇몸이 약해져서 음식물도 먹고 싶은 대로 먹을 수가 없게 되고
눕고, 앉고, 서고, 걷는 것도 불편하고
기억도 약해지고
정신도 멍해 있는 시간이 많아지고
마음도 혼자라는 외로운 느낌과 우울한 시간이 많아진다.
여기저기 찾아다니는 것도 맘대로 안 되고
여기저기에서 찾아오는 사람들도 예전 같지 않아
혼자 있는 시간이 많아진다.

이것이
나이 먹어간다는 곧 죽음에 가까이 다가서고 있다는 징조이다.

봄여름엔

자연은 자기를 꾸미고

가식의 탈을 쓰고 살게 되지만

가을엔

낙엽 하나까지 남김없이 떨쳐내며

꾸밈없는 모습을 드러내게 된다.

마치 수행자가

자기의 정신과 마음을 꾸미고 있는

수많은 생각과 꿈들을

떨쳐내고

꾸밈없는

자기의 참모습을 드러내듯이.

그래서

인생의 가을 곧 죽음이 가까이 이르면

뚜렷하게 자신의 참모습을 보도록 기회를 준다.

인생의 가을은

인생무상

아픔

내 것이라 고집할 것이

하나도 없음을
깨닫게 해준다.

이 시기가 되면 인생의 참 의미를 깨달을 수 있는
자연스런 환경, 조건이 너무도 잘 조성되게 되어
쉽게 포장되지 않고 발가벗은 참모습을 깨달을 수가 있다.
갈수록
외부와의 인연은 멀어져가고
내부의 자신과의 인연은 가까워져만 가니
모든 간섭으로부터 멀어져서
자유로운 참 나를 깨어나게 하기에 적합하다.

나이 먹어가면서
혼자 있어 외로움의 시간이 많아지면
기뻐할 줄 알아야 한다.
인생에 있어서 참 나를 깨달을 수 있는
마지막 기회가
조성된 것에 감사하며
참 나와 대면하는
마음공부의 시간으로 활용할 줄 알아야 한다.

○

두
손을
가슴 앞에
공손히 모을 때가
가장 행복한 시간입니다.

두 손 모은 손을
풀어내리는 순간,
수고하고 무거운 삶의 짐을 짊어진 자기 홀로 상태로 돌아갑니다.

삶이 고달파서
길거리 담벼락이든 전봇대나 가로수 나무든 그 무엇인가에
기대고 싶어질 때
다시 두 손 모으고
가슴 앞에
손을 가지런히 모아 보세요.
자기 혼자가 아니란 걸 느끼게 됩니다.
무한한 사랑의 에너지 속에 들어와 있음을 알게 됩니다.

자기의 현실은

비록 힘듦의 연속이지만

자기를

축복하는 빛이 함께하고 있음을 알게 됩니다.

오
늘

하루도

당신을

추억할 수 있어

저의 삶이

빛나는 시간으로

채워지길

원합니다.

당신이 걸었던

길을 따라

당신의

체취를 느껴가며

오직

당신 생각으로

꽉 찬 하루를

뚜벅뚜벅

걸어가

보렵니다.

그리하여

큰 사랑이신

당신의 손끝에서

한 송이 연꽃으로 피어났던

웃음의 신비가

저에게도 일어나길

소망합니다.

목탁 木鐸

수없이 나의 손을 잡아당기며
내 마음을 빼앗아간 그대!
나의 손을 타고 느껴져 오던 그대 손의 감촉은
금강보다 더 단단하였다.
절망 속에
작은 희망의 끈이라도 붙잡고픈
나의 손을 뿌리치지 않고
날 위로하며
내 손을 꽉 잡아 주었다.
어둠이 채 가시기도 전의 이른 새벽부터
밤늦은 시간까지
그대와 함께한 시간은
언제 생각을 해봐도
이 세상에서
그 무엇과 비교하고 바꿀 수 없는
가장 행복한 시간이고
뜨거운 열정 속에서
불순물을 빼내며
순수한 쇳물로 정화되는 거룩한 시간이었다.

붉게 달궈진 가슴을
수없이 두드리고
불순물에 꽉 막힌
가슴을 두드릴 때마다
깊은 한숨과 함께
뜨거운 눈물이 화산처럼 솟아올라
온 산천을 울리고 하늘 끝까지 울리기를
수없이 되풀이하며
금강처럼 단단하게 마음이 여물어갔다.
오늘도 부처님 전에
지난 세월
생각과 말과 행동으로 지은
허물을 참회하며
일체중생이 고통을 떠나
안락하고 평화로운 삶이 되길
기원하는 마음이
목탁소리에 실려 시방법계에 힘차게 울려 퍼진다.

오직 님과 함께

세상에 태어나
님처럼
나를
사랑한 이를 본 적이 없습니다.
나 또한
님 이외에는 그 누구를
이토록
사랑해 본 적이 없습니다.
님이
하늘이 되시는 날엔
저는 구름 되어 흐르고
님이
산이 되시는 날엔
저는 물이 되어 님의 품에 안기며
님이
물이 되시는 날엔
저는 산이 되어 님을 안아드리겠습니다.
그래서
님과 더불어
생생하게 살아 있겠습니다.

인생은 물들고 물들어가는 것

엊그제는
가을이 다가오는 소리가 들리더니
오늘은
가을이 멀리 떠나가는 소리가 들리는 듯합니다.
오던 가을도
기다림만큼 울긋불긋한 단풍으로 행복한 마음을 주더니
가는 가을도
보냄을 아쉬워하는 이 마음에 우리가 걸어갈 내일이
단풍이 우거진 길목처럼 행복하길 축원하는 것 같습니다.
올 때도 갈 때도
바라보는 가슴에 아름다운 감동을 주고
떠나는 단풍처럼
이왕 서로들
물들이고 물들고 사는 인생이라면
가을이 깊어가는 시간들
마음을 아름답게 물들여 가도록 해요.

<u>인생은 한평생</u>
<u>물들고 물들이고</u>
<u>살다 가는지도 모릅니다.</u>

우리는 그동안

어떤 색깔로

물들어 왔을까 생각해 봅니다.

지금 이 시간은

어떤 색깔로 물들이고 있는지도.

고개 들어

법당에 부처님을 우러러 뵈며

우리도

사시사철 변함없는 부처님처럼

황금색 고운 빛깔로

물들어 살아야 되겠다는 생각을 해 봅니다.

부처님을 바라만 봐도

어느새

마음은

황금색으로 물들어가는 것 같습니다.

○

운수납자 雲水衲子 (구름처럼 물처럼 걸림 없이 흐르는 수행자)

밤이 깊으니
눈을 감고
맑고 고요함 속에 편안하고
빛이 충만한 님의 품에 들어
'쉼' 하다가
이내 눈을 뜹니다.
그리고
탐내고
성내고
어리석은 생각이
무거운 족쇄되어
세상에 붙들려있는
또 다른 나를 향해
외칩니다.

"자기들이여!
탐심을 내려놓으먼
마음속에 길이 열린다네.
성냄을 내려놓으면
마음속에 진실이 보인다네.

어리석음을 내려놓으면
사랑이 충만한 지혜를 얻는다네.
비우고 비우고
또
비우고
비웠다는 생각마저
비우면
음식물을 끌어모은
몸을
벗어나고
생각을 끌어모은
영혼도
벗어나서
자유자재하는 빛이 충만한
마음이 된다네."

오늘도 밤이 깊으니
눈을 감고
맑고 고요함 속에 편안하고
빛이 충만한 기쁨 속에
구름처럼 물처럼 걸림 없이 흐릅니다.

맑고 향기로움

꽃님들을
바라만 봐도 행복한 것은
님들은
사람처럼
탐욕 부리지 않고
시기와 질투 않고
어리석지 않기 때문이다.

님들이
사람처럼
탐욕과 시기와 질투와 어리석은 생각을 한다면
향기는 사라지게 될 것이다.
그래서
님들이 품어내는
꽃향기는
인간보다 더욱 위대한 가치가 있고
권력보다 더 강하고
어떤 지식보다 더 예리하고
어떤 사람들의 관심보다 더 존귀함을 지녔습니다.

백 년을 살기 위해 요란을 피우는 인간보다
단,
하루를
피었다 지는
꽃님들의 무욕의 삶이
더
신비롭고
거룩합니다.

꽃님들이시여!
얼마나 마음을 비워내야
욕심 없이 하루를 피었다 지는
님들과 같은
축복을 받을 수 있겠는지요?

바위틈에 피어난
천상천하유아독존
꽃님들께
합장하며
바라만 봐도 행복함의 의미를 생각해 봅니다.

금강에 살으리랏다

당신이
부처님
말씀을
받겠다
ok
싸인만
보내면
부처님
말씀이
벼락이 되어
당신을
태우고
새롭게
태어나게
할
것이다.
탐진치
독소에

중독된

자기가

벼락을

맞아서

죽어야

연꽃

속에서

거듭난

심청이 되어

다시

태어날

수 있다.

당신께서는

한 번의

벼락에

죽었다

살아나는

축복을

허락할 수 있겠습니까?

부처님께서는

당신의

죄업을
단순에
벼락을 쳐
죽이고
새로운
자기로
태어나게
은총을
베푸실 겁니다.

　죽임을 당하는 과정이 단, 한 번으로 끝나는 것이 제일 고통이 덜하다. 천천히 죽임을 당하는 것이 고통이 제일 큰 것이다. 마음공부도 '단, 한 번'의 방법으로 하는 것이 제일 쉽다.
　제일 고통 없이 마음을 다스리는 법으로 제일 빨리 행복(열반)에 이르는 길이다. 악! 소리와 함께 숨이 끊어지는 벼락 맞아 죽는데 아프고 안 아플 것이 없다.

　선사들이 소리치거나 몽둥이를 휘두르거나 주먹을 질러대는 등의 여러 수작들이 사실은 고통 없이 '단, 한 번'의 방법으로 순간에 천만 가지 번뇌와 망상을 제압하고 순수한 본성을 드러나게 하는 큰 자비심인 것이다.

부처님의 마음 다스리는 법이 이와 같이 단순하고 명쾌하다. 그러나 마음공부도 복이 있어야 한다. 복이 부족한 사람은 불법 만나기 어렵고 불법을 만나도 공부하여 깨닫기가 어려운 것이다.

 대부분 종교를 찾는 분들은 그냥 삶의 고뇌를 잠시 잊어버리고 자기 위안 삼아 백화점 아이쇼핑 하듯이 다니는 것이 대부분이다.

 그들에게 종교성, 순수, 진리는 별 의미가 없다. 그런 것은 단지 액세서리에 해당되는 것일 뿐이다. 붓다는 금강번개에 벼락 맞아 고품격 인간으로 의식이 깨어난 사람이다.

지팡이를 버려라

꽉 닫힌
마음 문 열고
서니
어디선가
바람 불어와
얼굴 가득 스치며
반가움을 전해 온다.
흐르는 계곡 물은
출렁임으로
낙엽은
떨림으로
창문은
흔들림으로
무심한 듯
깊은 침묵 속에
앉아 있는
먹물 옷 입은 바위는
살짝이
웃음 짓는다.

평소
잃어버리고 살아왔던
또 다른 나의 모습들
내 안의 자유로움
그대로
간직한 채
살아 있었구나!

이곳저곳으로
눈동자
굴리며
놀러 다니던
눈
이제
꼬옥 감고
쉬니
떠오르는
참나의 모습에
나 스스로
감탄하며
두 손 모은다.

물질과

권력과

관심받기 위해

쫓아다니는 것은

마치

지팡이에 의지하여

서 있는 것과 같다.

지팡이가 부러지게 되면

사람은 땅 위에 엎어지게 되니

세상사가 물거품 같은 것이다.

마음 문을 열고

자기 안으로 들어가서

텅 빈

마음의 힘을 느끼고

그 어떤 지팡이에도 의지 않고 당당히 살아있는

자기를 알아차리는

마음공부가

건강, 평화, 행복의

길

이

다.

행복을 위한 기도

누군가 날 위해
기도해주는 이가 있다는 것은
행복한 일이다.
하나의 돌팔매질에
하나의 물결이 생기고
이어서
수많은 물결을 일으키게 되니
무엇이든지 하나가 모두와
그물망처럼 연계되어 있다.
세상사 어느 하나도
나와 상관없는 일이 없다.
그러므로
수많은 생각 속에
지금 생각이 소중하고
수많은 사람 속에
지금 만나고 있는 사람이 소중하고
수많은 시간 속에
지금 이 시간이 소중하다.
감사합니다. 고맙습니다. 사랑합니다.

제가 알고 있는

님의 건강, 평안, 성공을 기원합니다.

세상살이 눈물겹지만

마침은

웃음 속에 마감되길

기원하겠습니다.

몸과 맘 해독하기

탐욕을 다스리려면
적게 먹어라
그리하면 몸이 깨끗해진다.

성질을 부리는 것 다스리려면
많은 것을 기대 말라
그리하면 맘이 편안해진다.

어리석음을 다스리려면
많은 생각하지 마라
그리하면 정신이 밝아진다.

많이 먹고 많이 기대하고 많이 생각하는 것이 병의 원인이니
몸과 맘을 비우는 것이
아픔을 치유하고 안락을 가져오는 비결이다.

고향

끝없이 펼쳐진
푸른 바다
저편에
목어가 뛰놀던
나의 고향이 있다.
보리수나무
연꽃
가득한 정원에서
물장구치며 뛰놀던
범종이와 운판이가
보고 싶어진다.
고향소식 가득 안고
초파일 날 오실
부처님 생각하니
어느새
내 가슴 속엔
법고소리 울려오고
꽃비가 휘날린다.

날 생각하며

눈물 한 방울

뚝!

부처님 생각하며

눈물 한 방울

뚝!

모인 눈물방울들

바다가 되어

바다 저편으로 날 떠밀어낸다.

부처님이 오시는 날인지

내가 고향으로 떠밀려 가는 날인지

모르겠구나!

잘못 살았던 과보로

고통 속에 헤매이었으나

이제 부처님을 뵙고

참회의 눈물

방울방울 흘리며

고통 바다 건너간다.

둥~둥~둥!

물방울

비 내리는 날이면
어느새
우리의 가슴은
약속이나 한 듯
고동을 울리며 아름다운 음악이 흐른다.
우리의 마음이
비에 젖어드는데
그리 많은 시간이 걸리지 않는 것은
너무나 자연스럽게 익숙해져 있는
비와의 인연 때문이다.
사실
우리의 시작이
엄마, 아빠가 선물한
두 방울 빗물의
만남이었으니 말이다.
그래서
비가 내리면
우리의 마음이
맨 처음
그 날처럼

초심으로 돌아간다.
세상의 티끌에 물들기 전의
순수한 마음으로!
요즘은
자연이 연일 비를 내리며
세상에 오염된 마음들을
깨끗이 씻어내도록
목욕재계 의식을 진행하고 있는 듯하다.
내리는 빗물을 향하여
두 손 모아
경건히 바라보며
지금까지 살아온 힘든 마음들을
깨끗이 씻어내서
맨 처음
물방울
하나였다는 사실을 기억하며
삶에 대한 겸손함과
생명에 대한 경외심을 배우며
오염된 세상 속에서
다시 태어나는 기쁨을 만끽해 본다.

물에서 지혜를 배운다

 예로부터 종교나 민가의 기도의식에서는 깨끗한 물로 몸을 씻어내고 깨끗한 정한수를 제단에 올리고선 제사나 예배나 기도를 해 왔다.

 생명과 지혜의 상징인 물로 마음속 때와 먼지를 깨끗이 씻어내는 목욕을 일종의 마음 정화를 시키는 종교적인 의식으로 여겨왔다.

 사람의 생김새가 다르듯 마음의 본색 또한 사람마다 다를 것이다. 그렇다면 서로 다른 색깔을 같은 색깔로 만들기는 어려울 것이다.
 그러나 현실은 서로 생각이나 감정의 색깔이 왜 다르냐면서 지적질을 하며 화를 내고 해서 서로 힘들어지는 일이 많다.

 밖에는 봄비가 수북이 내리고 있다. 비란 하늘이 먹구름을 끌어안지 않고 비가 되어 내리게 하며 자기의 본색을 드러내는 일종의 목욕의식과 같다.
 비 내린 뒤에 거리에 보이는 풍광들은 맑음 가운데 생기가 넘쳐흐른다. 달리는 차량들, 맑은 하늘을 향해 서 있는 건물, 푸른 나뭇잎들엔 먼지 하나 없이 맑은 빛을 토해낸다.

하늘이 비를 내려 본색을 드러내니
지상 위의 만물들도 본색을 드러내고
또한
잠시나마 이를 바라보는
사람들의 마음도
잡다한 생각과
우울한 기분들을 씻어내고 본색을 드러나게 한다.

마음을 닦아
깨어있는 사람이 되고
영혼을 구제받아
하늘나라 사람이 되려면
지혜의 물로서 마음의 때를 깨끗이 씻어내어
마음의 본색을 드러나게
부지런히 마음관리를 해나가야 한다.

비 내림

한 주 동안 미세먼지 미세번뇌
망상의 때를 씻어 내리듯
비가 내린다.

그리고
다시 시작!
반복무상한 것이 인생살이다.

마치
바람에 휘날리는 낙엽이 바람이 멈추는 순간까지 움직이듯이.
내리는
빗방울 속에
인생무상
고통
자유로운 마음에 대한
부처님의 가르침이 있다.

하늘은
먹구름을 붙들지 않고
비로 내려

맑고 밝은 속마음을 보여주며
땅을
비옥하게 만들어
풍성한 결실을 가능케 한다.

비 내림을
바라보고 음미하며 웃음 짓는
그대는
행복이란
맑고 밝은 마음속에 있다는 걸 안다.

그래서
마음관리 하고 사는 축복의 길 걸어간다.

험난함이 다가와도
내려놓고
고통에서 벗어나
고요하고 평화로운 마음 가운데 머물러
살아 있다.

살아있는 것은 다 흔들린다

흐르는 물
떨리는 나뭇가지와 잎
흔들리는 창문
흩어지는 커피향
두근거리는 가슴
이 모든 움직임은 원초적인 흔들림이다.

마치 태아가 모태 안의 양수에서 출렁거리듯이.
흔들림은
살아있음의 표시이다.

흔들림이 없는 마음은
뙤약볕에 무너져 내리는
모래 탑과 같다.

한 송이 꽃이 되어
바람에 흔들거릴 때

이름 모를 별이 되어

밤하늘에 반짝거릴 때

바람에 흩어지는

구름이 되었을 때

물결 따라 출렁이는

배가 되었을 때

엄마의 품에 안겨

심장의 고동 소리를 들을 때

깊어가는 가을밤에

귀뚜라미 소리를 들을 때

연인의 손가락

한 개라도 잡고 체온을 느낄 때

당신은 살아 있는 것이다.

당신의 마음이

귀뚜라미 소리

엄마의 느낌

출렁이는 물결

흐르는 구름

반짝이는 별

바람과 꽃으로부터

멀어질 때

당신의 마음은

황무지가 되어 있고

존재는

죽어 있는 것이다.

마음수행이란

탐욕(소유욕)은 사라지고

느낌만 그대로 살아있게 만들어 준다.

향기로운 꽃을 보면
마음이 맑고 밝고 향기로워진다.
꽃을 바라본다고 욕정이 일어나진 않는다.
이러한 마음 상태가
탐욕을 벗어난
열반의 기쁨, 평화로움이다.

과일 공양을 하면서

청정한맘 간직한채
하늘땅의 옷(地水火風)을
빌려입고 치장하고
우리앞에 나타나신
욕심일랑 하나없는
과일몸을 하고오신
불보살님 들이시다.
오직한맘 중생위해
먹이되어 사라짐도
감수하고 오셨으니
칼로몸을 깎고베고
도려내고 지근지근
깨물어도 아무저항
없으시다 서원따라
과일몸을 나타내신
보살운명 이옵기에
죽음마저 두렵지가
않는다네 이와같이
자기유익 안구하고
손해보고 희생하며 살다살다 살아지는 것이라네

과일을 바라보며

아침저녁으로
저의 한 끼 식사를 위해
찾아온 애들입니다.
머나먼 우주 끝
별에서
상처 입어 온 애도 있고
가까이는
지구 한 모퉁이에서
온갖 먼지 뒤집어쓰고
온 애도 있습니다.
오직 저를 위해
한 끼의 식사를 제공하고자
찾아온 애들을 바라보니
가슴이 뭉클하며 뛰기 시작합니다.
먹기 전에 깨끗한 물이라도
한 바가지 부어주며
세례의식을 하고 이름을 지어주며
축복해 주고 싶습니다.
하늘이, 구름이, 바람이, 별이, 달이, 바다, 산이
사랑한데이~ 함께 성불하자!

빈 마음

"수고하고 무거운 짐 진 자들아 다 내게로 오라
내가 너희를 편히 쉬게 하리라"

어찌하여 예수님 앞에 가면
무거운 짐이 내려진다는 말인가?

세상적인 모든 것을
놔버린
자유롭고 행복한 마음이 되신 분이시기에
그분 앞에 서는 순간,
크게만 느껴져 왔던 자신의 존재는
보잘것없는 존재가 되어
사라져 버리는 것이다.

은덩어리 주머니 있다고
자랑하던 사람이
금덩어리 한 주머니 있는
사람 앞에 서면
은덩어리를 자랑하고 싶은 마음은 뒷걸음질 치기 시작한다.
그저 한순간의 꿈일 뿐인

세상적인 행복은
상대적인 비교를 허용치 않는
절대적이고 영원한 행복 앞에 서면 사라진다.

세상적인 행복을 위해서
자기 인생을 걸고
성취하려는 모험은 허망하게 인생을 마감하게 된다.

행복은
쟁취하는 것이 아닌
비우는데 있다.
빈 마음속에
행복의 샘물이 터져 나오니
세상의 욕망을
한순간이라도 놔버려라.

샘물의 입구를
탐욕의 먼지가 수억겁을 쌓이고 뭉쳐
무거운 바위 되어 누르고 있다.
이를 치워버려야
샘물이 흘러넘치게 된다.

탐욕, 성냄, 어리석음은 사용할수록
먼지 되어 쌓이고 무거운 바위 되어 마음을 짓눌러
힘들게 할 뿐이다.

그래서 예수님은
"내 배에는 영원히 목마르지 않은
생수의 우물이 흐르나니 이 물을 마시라."
라고 말씀하신 것이다.
진정 예수님은 마음을 비워 하늘(님)이 되신 분이다.

겨울의 메시지 하심下心

겨울은 하심을 교훈하며 자기를 내려놓고 자기가 사라짐으로써 인연된 모든 것을 키워내며 전체 속에 보다 큰 자기로 살아 있음의 길을 지시해준다.

물은
생명의 본질
만물의 씨앗
일체 만물을
최소화시킨
구심점이며
압축 파일이다.
水의 시기에
인간 존재는
일생을 담고
극미로 압축
허공중에서
머물러 있다.

물이 자신을 비우며 끊임없이 아래로 흐르는 것은

'내 것, 네 것'이라는 구분과 집착함이 없다는 뜻이다.
물이 자신을 비우지 않으면 흐르지 못하게 되고
멈춰선
자신은 물론 주변까지 다 부패하게 만들어 버린다.
자신을 비우면
흐르게 되어 물이 스스로 모든 것에 다가가서
활명수活命水가 되어 만물을 키워 내여 어머니(聖母)가 된다.

허공은 스스로 비워
만물을 자유롭게 흐르게 하고
물은 스스로를 비워
만물에 다가서서
그들 스스로의 성질을 맘껏 발현하도록 허용한다.
이러한 물의 하심 하는 덕성은 세상 속에 사는 인간으로 하여금 세상적인 것을 탐닉하여 쫓아가지 말며 욕망을 비우고 세상을 위해 도움되는 사람으로 살아 흐르라는 가르침을 준다.

물은 흐르다 나무를 보면 타고 올라 꽃을 피우고, 태양을 만나면 증발하여 허공중에 올라 흐르며, 기온이 내려가면 만물을 안고 흐르다, 물을 만나면 더욱더 큰물로 흐르다 넓은 바다에 이른다.
그래서 물은 인간이 마땅히 걸어가야 할, 집착 없는 통합하는 길을 알려주고 있다.

마음을 비우고 물처럼 흘러보자.

그래서 만나는 모든 사람들을

꽃이 되게 하고

빛이 되게 하고

대지의 여신이 되게 하고

큰 바위 얼굴이 되게 하고

모든 것에

다가서서

감싸 안고 더 큰 바다에 이르도록

'위하여' 살아 보자.

그것이 '살린다'는 사람의 뜻이다.

○

봄의 왈츠(waltz)

 봄은 서로를 바라보며 음양이 서로 껴안고 물이 오르기도 흐르기도 하며 생동하는 왈츠(waltz)의 계절로서 사람과 사람이 사람과 자연이 어울리는 축제의 한 마당이다.

겨울동안
움츠렸던
자기모습
보란듯이
드러내서
보여주고
드러내논
상대모습
역시보는
봄은
서로에게
자기모습
봄(본다의 준말)하며
만끽하는
계절이다.

인생을 봄날처럼 에너지 넘치게 즐겁게 살고자 하는 분은
생활 자체가 음악이 되고 춤이 되는 리듬감이 살아 있어야 한다.

눕고
앉고
서고
걸을 때
리듬을 실어 움직이고
그 움직임과
마음이 함께 흐르면
자기만의
리듬과 움직임이 표현되어 나온다.
이미 우리 속에 들어온 봄,
눈으로
귀로
코로
입으로
몸으로

마음으로 기쁘게 즐기시고 살아 있는 자기를 확인하는 행복한 시간들로 채워가야 한다. 나이 들어가면서 맘과 몸의 리듬을 잃지 않고 유지해 간다는 것은 건강한 몸과 행복한 마음을 관리해 가는데 꼭 필요한 것이다.

자기 사랑(살리기)

스님들은 3일만 염불하지 않으면
'목에 가시가 돋는다.'라고 하였다.

마음을 수행하는 사람은
자기 행동거지를
3일만 챙기지 않으면
온갖 잡초가 마음을 점령해 버린다.
3일만 설거지를 하지 않고
싱크대에 모아 놓으면
어찌 될까?
매일 닦는 이를
3일만 칫솔질을 안 하면 어찌 될까?

몸에 끼는 때나
입고 다니는 옷이나
거처하는 집도
3일만 방치하면
때가 끼고 먼지가 쌓인다.

사람의 마음도
보이지 않아서
그렇지 3일만 챙기지 않으면
쓰레기통이 되어 버린다.

그래서 부처님이 말씀하시기를
"백 년 동안 탐한 재물 하루아침에 티끌이요, 3일 동안 챙긴 마음 천 년 동안의 보배로다"고 하신 것이다.

힘 있을 때
돈도 벌고
마음공부도 하고
여행도 다니고
봉사도 하고
사랑도 나누며 살아야 한다.

돈 벌어서 나중에 좋은 일 하겠다면
결국
하나도 못하게 되기 쉽다.

인간의 욕심은
힘 빠지고 맥을 놓아야

포기하게 되기 때문에
문지방 기어 넘어갈 힘만 있으면
끝없이 욕망을 좇는 불나방인 것이다.
그러므로
하고 싶은 것이 있으면
지금 당장
하나씩
시행하도록 해야 한다.

오행의 선글라스를 벗어라

세상을
木으로 보면 온갖 생명으로 보인다.
火로 보면 온갖 빛으로 보인다.
土로 보면 온갖 흙먼지가 쌓여 만들어진 흙으로 보인다.
金으로 보면 온갖 보석들로 보인다.
水로 보면 모두 물로 보인다.

그러나 오행의 선글라스를 벗어 버리고 맨눈으로 바라보면 세상과 인간은 부처 아닌 사람이 없으며 모두가 부처의 대접을 받으며 살아가야 할 존재임을 알게 된다.

옛날에 유난히 핑크색을 좋아하는 임금님이 계셨다고 한다. 하루는 "여봐라! 온 나라를 핑크색으로 칠하라"는 명령을 내렸다. 이에 신하들이 어떻게 하늘과 땅과 나무와 백성들의 옷 등을 핑크색으로 칠을 할 것인지 난감해 하였다.
이때 지혜로운 한 명의 신하가 나서서 얘기하길 "임금님께 핑크색 선글라스를 씌어드리기로 합시다"고 하며 임금님께 핑크색 선글라스를 씌어 드렸다고 한다.

임금님은 환하게 웃으시면 "그래! 이제야 온 나라가 핑크색으로 색칠해지니 내 맘이 평화가 오고 행복해지는구나"라고 하셨다고 한다.

모든 사람에게 왜 사느냐고 묻는다면 다들 행복하기 위해서 산다고 할 것이다. 그러지만 행복한 현실을 살고 있느냐 묻는다면 "그렇다" 하고 대답할 사람은 얼마 되지 않을 것이다.
모두 행복하기 위해서 사는데 왜들 이렇게 힘든 마음을 가지고 살고 있는지, 어떻게 하면 핑크색 선글라스를 쓰고 살 수 있을지, 오늘을 사는 우리 모두의 고민이 아닐 수 없다.

태조 이성계와 무학대사가 궁전 뜰을 거닐며 주고받은 일화 중에 "돼지의 눈에는 돼지만 보이고 부처의 눈에는 부처만 보인다"는 이야기는 아직까지도 일반에 회자되는 말씀이다.
똑같은 상황이라도 바라보는 시각에 따라 각기 달리 이해하게 된다는 사실을 일깨워 준다.
사람은 자기가 보고 싶은 것만 보고, 듣고 싶은 소리만 듣고, 생각하고 싶은 것만 생각하고 살게 된다.
이미 자기에게 익숙한 대로 살아간다는 것이다.

불교에서는 이를 '행동하는 습관'인 업業이라고 한다.

나의 보여주고 싶은 부분만 보여주고 상대가 보여준 부분만 보고 살아가는 일종의 '가식의 탈', '화장발'에 길든 인간관계의 모습이다. 그 속에는 자유와 행복은 없다.

그래서 습관화된 바라보는 틀인 선글라스를 벗어 던져버려야 비로소 자기 눈으로 세상을 있는 그대로 바라볼 수 있는 눈을 갖게 된다.

우리 모두 가식의 선글라스를 벗고 세상에 때 묻지 않는 자기의 민낯을 그대로 드러내고 살 수 있을 때 진정한 편안함과 행복을 누리게 된다.

물처럼 음식을 마셔라

인도의 갠지스 강가에 풍경을 보면 일반인들 눈에 이해가 불가한 모습들이 펼쳐진다.

강가에서 장작불에 태운 시신을 빻은 뼛가루를 강물에 뿌리기도 하고 미처 다 태우지 못한 시신은 그대로 강물에 던지는 경우도 있다.

또한 이러한 강물에 들어가서 타고난 업보를 씻어 낸다고 몸을 강물 속에 담그고 하는 제례의식을 거행하기도 한다.

그들에게 강물은 죽은 영혼을 하늘나라도 돌려보내고 살아 있는 사람들은 자기의 업보를 씻어주고 건강과 재물과 명예의 축복을 내려주는 성스러운 물로 인식이 되는 것이다.

그러나 이러한 마음이 일어나게 되는 그 심리적인 근거는 생명탄생의 시작점이 물에 있기 때문에 그 원초적인 기억을 거슬러 올라가서 종교적인 의식으로 나타나게 된 것이다.

살아 있는 모든 생물의 시작은 물로부터 비롯되었다. 그러므로 물은 바로 생명의 원천이요, 근원인 것임으로 태어남의 시작점과 그 마지막 죽음의 지점에는 물이 있는 것이다.

그런 점에서 인간 몸의 시작점은 신장(오행의 시작은 수에서 시작하여 수로 끝을 맺음)이며 이 신장의 건강상태는 만병을 예방하고 치유하는 바로미터가 된다.

크고 작은 몸의 병은 반드시 신장에 이상이 발생되어 있다고 할 것이다.

필자는 오래전부터 몸의 건강과 신장의 관계에 관심을 두고 살펴보아 오면서 신장을 건강하게 유지하는 방법을 알게 되었다.

사람이 긴장을 하거나 화가 나거나 신경을 많이 쓰게 되거나 몸을 과도하게 움직이면 체내의 수분이 급격히 증발하여 입안에 갈증이 나고 심하면 입안이 타들어 가듯 마르는 것을 알 수 있다.

몸에서 물 기운을 조절하라는 긴급한 신호를 보내는 것이다. 그러므로 스트레스를 많이 받고 화를 자주 내는 사람들은 신장에 기능 이상이 있다는 반증이기도 하다.

그래서 평소에 물을 충분히 마셔주는 일이 매우 중요하다. 갈증을 느낄 때 물을 마시는 것은 마치 잎이 말라가는 것을 보고 나무에 물을 부어주는 것과 같이 이미 늦은 감이 있는 것이다.

그러므로 입안이 마르기 전에 충분한 물을 마시는

노력이 필요하며 몸에 물 기운을 증발시키는 많은 생각, 짜증, 미워함, 술, 커피, 탄산 음료수 같은 것을 가능한 한 멀리해야 한다.

그리고 강조하고 싶은 것은 음식물을 먹을 때 입안에서 물(?)이 될 때까지 충분히 씹고 난 다음에 물이 된 음식물들이 마치 물처럼 목을 타고 넘어가도록 하는 식사법의 실천이다.

그렇게 하면 침샘이 열리고 신장기능이 살아나게 되어 침이 곧 만병을 예방하고 치유하는 감로수 甘露水가 되는 것이다.

이렇게 단, 하루만 실천해도 다음 날부터 몸이 깨어나면서 몸 스스로 좋고 나쁜 음식물을 선별해내기 시작한다.

3일만 실행하면 몸이 살아 움직이는 것을 느끼게 된다. 그뿐만 아니라 평상시 마음가짐과 생활태도를 살피는 힘이 생기게 되어 욕망에 대한 자제력과 너그럽게 사람을 대하는 마음이 생기며 상황 판단력도 뛰어나게 된다.

이렇듯 먹는 습관만 바뀌어도 몸과 마음에 변화가 일어나게 되는 것이다. 그러므로 몸의 건강과 마음의

평화와 행복에 관심 있는 사람들은 꼭 유념해야 할 구절이 있다.
'먹는 음식의 질이 곧 마음의 질을 결정한다'는 사실과 함께 '위장에는 이빨이 없으므로 입안에서 음식물을 물이 되도록 씹는다'는 것이 그것이다.

불가에서는 빈손으로 왔으니 돌아갈 때도 빈손으로 간다고 하여 살아생전에 지나친 탐욕을 버리고 편안하게 살아가라고 한다.

음식물 또한 돌아갈 때는 빈손으로 돌아가도록 해야 한다. 바로 물이 근원이니 음식물을 물처럼 작은 건더기 하나도 없이 씹어서 삼킨다는 마음으로 천천히 깨물어 드셔야 한다.

우리의 식사법이 이렇게 될 때에 완전소화, 완전흡수, 완전배출이 이루어져서 건강한 몸이 되며 정신기능도 함께 살아나는 것이다.

엄마의 된장국

엄마!
당신이 끓여준 된장국 냄새는
제 마음마저 배부르게 해주던 사랑의 향 내음이었지요.
그래서
난
된장국을 바라보면
꼭 엄마가 생각나요.
그리고 꼭
엄마 생각에 가슴이 울컥거려요.
이번 한가위 추석에도
하늘나라에서
보름달 되어 찾아오시겠죠?
제 주변의 가족 중에도
그곳에 계신 식구들이 많이 계실 겁니다.
오실 때
앞서거니 뒤서거니
길동무해서 다녀가세요.
이번 엄마의 된장국은
제가 정성껏 끓여서 올릴게요.

명절은 근본을 밝히라는 의미

어두운 밤하늘을 밝히며
떠오르는 보름달이
주는 의미는
그동안 사느냐고 새까맣게 잊어버렸던
자기의 출발점을 확인하고
자기를 살아있게 했던 크고 작은 손길들에
감사의 예를 표하는 것이기도 합니다.

몸을 낳아 길러주신 은혜
정신을 쓸모 있게 지도해 주신 은혜
마음을 행복하게 관리하게 지도해 주신 은혜
절망할 때 두 손 내밀어 잡아주신 은혜
목마를 때 물 한 잔 건네주신 은혜
배고플 때 밥 한 끼 주신 은혜 등에
감사의 마음을 전하는 데 있습니다.

어둠을 밝히며 떠오른 달은
몸은 어둔 세상에 있지만, 마음만은 밝게 깨어
은혜에 감사하며 살라는 의미입니다.

마음속에 감사가 넘치는 사람
생각 속에 감사를 떠올릴 줄 아는 사람
감사의 몸짓을 보일 줄 아는 사람
그 사람은 참으로 행복한 사람입니다. 더 많은 감사가 자기를 찾아오게 하는 비결을 아는 사람이기 때문입니다.

명절에는

자기를 기억하는 모든 사람과

세상에 있는 모든 생명들이 행복하시길 기원합시다.

설사 자기를 미워하고 힘들게 한 사람일지라도

행복을 빌어줍시다.

그가 행복해야

자기가 행복해지니까요.

어제 새로 들어온 찻잔

어제 토굴에 찾아온 친구인데
따뜻한 정을 가득 담았네요.
작은 찻잔이지만
여러분과 나눠 마셔도 부족하지 않을 듯싶습니다.
창문 너머로
나무 인간들이 낙엽을 떨쳐서
가을을 담아주니
차 맛이 더욱 깊게 느껴집니다.

사람 인간도
잡다한 생각과 감정들을
떨쳐내면서
살아가다 보면
인생살이 맛이
더욱 깊어지겠습니다.

나무아미타불, 관세음보살의 명호를
잠깐만이라도 찾아도
번뇌, 망상을 떨쳐내고

몸과 맘을 힘들게 하는 업장을 가볍게 할 수 있으니
누우나, 앉으나, 서나, 걸으나 자주자주 찾으시길 바랍니다.

나이 먹어가면서
성형할 필요 없이
곱게 늙어가는 비결이기도 합니다.
마음이 비워져 가니
얼굴이 해맑고 예뻐질 수밖에 없습니다.

아기는

살생하지 않습니다.
도적질하지 않습니다.
거짓말하지 않습니다.
간음하지 않습니다.
술을 마시지 않습니다.

그러므로 깨어서 어린아이의 마음으로 돌아가는 것이
인간완성임을 알아야 합니다.

아무리 흉악범이라도 자기가 사랑하는 사람은 해코지하지 않습니다.
사랑하면 어린아이 맘이 작용하기 때문에 피해를 주지 못합니다.

거짓말하여 기만하지 않습니다.
몸을 강제로 취하지 않습니다.
술에 취하여 횡설수설하지 않습니다.
오직 보호하며 위하여 삽니다.
이것이 어린아이의 마음이며
삶의 완성인 사랑의 실천자 곧 보살입니다.

갓 태어나 활짝 웃는 아기의 얼굴을 쳐다보면
세상 근심 걱정 없는 천사의 모습입니다.

바로 인간의 참 마음이기도 합니다.
아기는 가진 것 하나 없어도
세상에 태어나 숨 쉬는 것만으로도 웃을 수 있습니다.
보살은 이 세상에 갓 태어난 아기같이
영원히 한 살로 살아 있을 뿐입니다.

행복하기

시시때때로

욕심부리며 다가오는 사람들의 모습(人生無常)에

실망도 하고 화도 나지만(一切皆苦)

지나고 보면 다 어리석은 일(諸法無我)로 부질없다.

내 마음을

즐겁고 행복하게 해 주는 것은

남이 아닌

오직 자신뿐임을 깨달아야 한다.

내 마음

깨끗하게

편안하게 지키며

즐겁게 사는 것(涅槃寂靜)이

행복한 삶이니

괴로우면 기도하고

외로우면 염불하고

건강해지고 싶으면 걷기 명상하면 된다.

그리고

진짜 행복해지고 싶으면

마음 비우고 양손에 쥔 것을 조금씩 내려놓는 연습을 해야 한다.

가질 것 양손에 꽉 쥐고서 행복할 수는 없다.

행복은 다 버리고 마음을 텅 비운 자의 것이니깐.

○

○

○

청정 淸淨

몸이란
세포의 집합체로
음식물을 먹고 살고
영혼이란 생각의 집합체로
생각을 먹고 산다.

그러므로
음식물 공급을 끊으면
몸은 죽게 되고
생각의 공급을 끊으면
영혼은 죽게 된다.

영혼의 구원과
마음이 깨어 있기 위해선
먹는 것을 조절해야 하며
탐내고 화내는 마음을 비우고
어리석은 생각을 멈춰야 한다.

막행막식莫行莫食을 하면서
구원받고
깨달았다고
말하지 마라,
몸과 마음이 청정해지면
탁하고 악하고 독한 것을
스스로 거부하게 된다.

동짓날 새알을 비빈다

두 손바닥 위에
찹쌀 반죽 한 조각 올려놓고
싹싹 비비니
어느새 둥근 모양의 새알들이
염원이 담긴
염주 알 되어
빙글빙글 돌아간다.
그동안
부처님 전에
두 손 모으며
기도했던
그 세월이 얼마였던가!
날
힘들게 하는
생각과 감정들을
두 손 위에 올려 비비니
속은 하얗고 겉은 붉은빛을 발하는
영롱한 사리 되어
드러난다.

새해 아침에

눈이
수북하게 쌓인
산사에서
다짐을 해 봅니다.
님이
내미신 손
꼬옥 붙잡고
하얗게 펼쳐진
설산 길을 따라
맑은 향기
그윽한
행복한
이 길을
걸어
가
렵
니
다

○
인생이란

녹화방송과 생방송이 동시에 진행되는 것입니다. 방송을 보면 미리 찍어났다가 보여주는 녹화방송과 현재 일어나고 있는 그대로 보여주는 생방송이 있듯이

인생살이는
자신이
살아나온
과거를 보여주는 숙명(녹화방송: 현재 겪고 있는 일)과
현재 살고 있는 모습 그대로 보여주는 운명(생방송: 현재 하고 있는 일)이 있습니다.

이것은
자연이라는 무대 위에서
움직이는 자기의 모습을
두 대의 촬영기(낮은 해가 비추고, 밤은 달이 비춘다)
돌아가면서
하나도 빠짐없이 찍어서
펼쳐 내는 자연변화의 시스템
즉,
거울처럼 자기 모습을 비춰내는 반사원리 때입니다.

그래서 인생은 연극이라고 표현하기도 합니다.
자기가 생각하고 표현해내는 대로 자기 인생을 관객이 된 주변 사람들에게 보여주며

웃게 하기도
울게 하기도
화나게 하기도
행복하게 하기도
하면서
업을 짓고 업을 받으며 어울려(인연) 살고 있는 것입니다.

그래서 법화경에 이르길,
"전생을 알고자 하느냐? 현재 자신이 겪고 있는 일이요, 다음 생을 알고자 하느냐? 현재 자신이 하고 있는 일이다."라고 하신 것입니다.

여러분!
오늘도 해와 달이라는 촬영기는 돌아가고 있습니다.
오늘은 어디에서 어떤 내용을 연기하고 계십니까?
이왕이면 서로 행복해지는 장면을 많이 찍도록 합시다.

자
기
가

힘들다

느낄 때마다

참 나를

찾아보도록 해요.

상대와

비교 속에서

자기를 보면

참 힘듭니다.

그러나

참 나를

통해서

상대들을 보면

세상이

온통

행복만이

충만해

있음을

알게

됩니다.

**침묵하라는
것은**
일어나는 마음과
생각하는 마음을
멈추고
바라보는 마음만이
살아있게 하라는
뜻입니다.

바로
'판단중지'
하고

'지켜봄'을
허용하라는
것
입니다.

o

물질
몸
영혼
상황은
조건에 의해서
끊임없이 변함으로
좇으면
고통만 겪고
결국
챙기지도 못하고
허망하게
됩니다.
이것만
이해하고
살아도
우리 삶이
여유로울 것입니다.

결국에는 모두 놓고 떠나야 하는 것을 미리 알고 생각도 열어 열린 사고를 하고, 마음도 열린 마음이 되고, 지갑도 열어 봉사도 하고 살면 우리 삶이 좀 더 편안하고 행복해 질 것입니다.

계율이란

몸과

입과

생각을

묶어두라는

뜻입니다.

이는

많은 생각 말고

많은 말 말고

많은 일 만들지 말라는 것입니다.

그래야

쉽게 깊은 집중에 들어

지혜로운 마음이

드러나게 할 수 있기 때문입니다.

바보처럼

보와도 못 본 척

들어도 안 들은 척

느껴도 못 느낀 척

그렇게

무심하게 대해 보세요.

그러면

참 나가 드러나서

세상이고

사람이고

바로

보이고

들리고

느껴집니다.

마음을 수행하는

사람은

그래서

겉으로 보이기는

바보처럼 보이지만

속으로는

바로 보는 안목을 키어가는 사람입니다.

o

침묵의 소리를
들으려면

침묵해야

합니다.

바위와 나무와 꽃과 별과 바람과 비와 구름과

산과 바다와 하늘과 땅이

전해주는

소리가

들리지 않나요?

움직임이 없는

침묵하는 소리를

들으려면

자기도

침묵해야만

합니다.

부모, 아내, 남편, 형제, 자식, 친구, 지인 또는 이 세상을

먼저 떠나가신 분들의 마음속 소리가 들리지 않나요?

침묵 속에서

잠깐만

바라보고

계시면 잘 들릴 겁니다.

십자의 꿈
한

마음으로

두

손 모아

삼보님을

사

랑하는 노래 부르렵니다.

오

로지 이 한 길로

육

바라밀 열심히 실천하며

칠

십이 되어도 착하게 살겠습니다.

팔

십에도 팔팔하게 살아 춤도 추겠습니다.

구

십에는 세상 구경(열반) 다 하고 소풍 끝내고

십

불十佛과 대인大人의 경지로 돌아가렵니다.

오늘도
난
행복을 위해서
날
만나러
마음속 여행을 떠납니다.

여행에 필요한 준비물은 하나도 필요 없습니다. 단지 떠나기만 하면 됩니다. 참 행복은 세상 안에 있지 않습니다. 그렇다고 세상을 벗어난 곳이나 그 어떤 특별한 존재에게 있는 것도 아닙니다.

내가
행복할 수 있는 스위치는
오직
내 손에만
쥐어져 있기 때문입니다.
나를
행복하게 하는
스위치가
나
아닌 타인에게 있다면

그것은
나의 행복을
그에게
구걸해야 할 것입니다.

여러분! 자기를 만나러 떠날 준비가 되셨나요? 그럼 자기가 정한 여행 편에 몸을 싣고 출발해 보세요. 저도 여러분들과 함께 떠나보겠습니다. 저는 나무아미타불 편에 몸을 싣기로 하였습니다.

옆에 계신 보살님은 관세음보살 편에 몸을 실으셨군요. 그리고 뒤에 계시는 자매님은 성모님 편에 몸을 실으셨네요. 자, 그럼 떠나 봅시다.

o

욕망을

내려놓아

하늘(처럼) 되신 님이 시며

화를

내려놓아

바다(처럼) 되신 님이 시며

어리석음을

내려놓아

산(처럼) 되신 님이 시여!

님께

다가서면

끌어모으려는

생각이

바람처럼 흩어지고

맺힌 마음이

흔들려

풀어지고

나누는 생각이

멈추어

있는 그대로

바라보며 품어지게 하십니다.

○
아침, 저녁으로
거울 속에 비치는
자기 얼굴은
웃을 때도
우울할 때도
짜증 날 때도
굳어질 때도
불쌍할 때도
한심하게 보일 때도
있을 것입니다.

거울은
자기 마음 밭과
같음으로
비치는 모습
그대로
씨가 되어
마음 밭에
뿌려지게 됩니다.
그러므로
마음에 들지 않는 표정을 발견할 때는 즉시 밝은 표정으로
바꿔주세요.

마음의 씨는

뿌려지는 대로

나타나기 때문입니다.

때로는

조용히 눈을 감고

자기 마음 밭에

원하는 씨들을 뿌리는

명상작업은

행복한 삶을 위한 유익한 일입니다.

생각하고

느끼는

기분만으로도

자기 마음 밭에

씨로

뿌려지게 됩니다.

그래서

한 생각도

가볍게 넘길 수 없는 것이

인생입니다.

명상이란

마음 밭을 갈아
깨끗이 정리하는 것
기도는
이루고자 하는
꿈의 씨앗을
뿌리는 것
텅 빈 마음 밭에서
씨 뿌리는 대로
이뤄지는 현상을 가리켜
인연이라
합니다.
마음 밭을
잡풀이 메우고 있는데
뽑아내지 않고
이루고자 하는 꿈의 씨만 뿌린다면
미처 뿌리내리기 전에
말라
숨 막혀 죽을 수 있습니다.
그래서
명상과 기도는 함께 하여야 합니다.

○

말이란
살아 움직이는 생명력인

마음을 표현한 것이요

이를 상징부호 속에

담아 놓은 것이

글이요

하나의

틀 위에

펼쳐 놓은 것이

그림입니다.

그러므로

정성이 깃든

한마디 말을

진언이라 하고

글이나 그림도

혼이 깃들어

생명력을 발산하고 있는 것입니다.

한평생

살아가는 인간의 삶도

알고 보면

생명력을 온 몸짓으로 표현하는 작품활동입니다.

o

가을은
'가얼'에서 왔으며

'가얼'은

'가는 얼'이란 뜻으로

봄여름 동안

대지 위에

빛과 색으로 펼쳐놓은

생명의 힘과

생각인 얼이

활동을 마치고

원래

자기 자리로

돌아갈 채비를 하고 있다는 뜻입니다.

인생에 있어서는

죽음을 준비하는 시기입니다.

여러분은

소풍을 마치고

자기 자리로 갈(가을)

준비를

잘하고 계십니까?

나무는
뿌리로 지탱하며 살아가듯이

사람도
뿌리는 대로 뿌리를 내리며 살아갑니다.

자기 마음 밭을
부지런히 관리하며 살아야 합니다.

뿌리는 대로
자기의 뿌리가 만들어지고
그 위에
자신의 삶이 펼쳐진다는 것을
알아야
하겠습니다.

오늘은 무얼 뿌릴 작정이십니까?

비우고

내려놓으라는데

도대체 무엇을 말하는 것일까요?

물건이나 사람 몸이나 무게가 있습니다.

그러나 시공을 초월하여

자유로운 참 마음은

아무런 무게를 지니지 않습니다.

그러므로

돌멩이 하나뿐 아니라

먼지 하나라도

앉으면

그만큼 마음을 무겁게

맑음을 탁하게

밝음을 어둡게 만듭니다.

마음의 밭에

돌멩이나 유리조각, 쓰레기 봉지들이 널려있고

잡풀들이 우거져 있으면 제대로 농사를 지을 수 없습니다.

씨를 뿌려도 숨 막혀 씨가 죽을 수 있는 것입니다.

그러므로 정리정돈 차원에서 주워내버려야 합니다.

본래무일물이란

먼지

하나까지도

주워내 버려야만

참 나의 본성을

회복할 수 있다는 뜻입니다.

그래서

수행자는

천 하나로 몸을 가리고

맨발의 상태로

거리에 나와

얻어먹고 살면서

수행하는 것입니다.

한 생각의 무게가

쌓이고 쌓여

태산같이 무거운 업산業山을 만들어

스스로를 가두게 됩니다.

한 생각

내려놓으면

어두운 지옥도

안개처럼 사라지고

맑고 밝은 하늘나라가

펼쳐집니다.

○

생각을 비어
평화로운 마음을

얻은 사람은

잔잔한 향기를

내

뿜

고

생각이 혼란스러워

마음이 불화不和로

꽉 찬 사람은

머무는 곳곳마다

평지풍파를

일으키며

사람을 해롭게 하며

자연 만물까지 오염시키고 황폐화

시

킵

니

다.

똑같은

하늘 아래에 사는데

어찌하여

사람에 따라

길하고 흉하고

성공하고 실패하고

좋아하고 싫어하고

기뻐하고 슬퍼하고

꿈같은 시간이나

또는

악몽의 시간이 될까요?

그것은

자신이 뿌려놓은

기반 위에서

결과물을 거둬드리면서

생기는 현상입니다.

그러므로

누가 보지 않더라도

양심에 따라 사세요.

바보 같은 짓 같아도

길게 보면 결국은 자신을 위한 것이 됩니다.

무인도 삼가三歌

그들의
변해가는 모습을 지켜보며
나 홀로 가슴 아파 슬피 우는 동안
그들은
내 곁에서 멀리 떠나고
없었다.
아, 이것이 인연이로구나!
홀로
적막함에 쌓여 있던
나에게
별들이 말을 걸어오고
파도가 마음을 토닥거리며
땅은 나를 따뜻이 품어주고 있음을
느낄 수 있었다.
아, 이것이 무위자연이구나!
생각 없는 자연은 나와 함께 하는데
생각 있는 사람들은 온데간데없네!
아, 이것이 인연이로구나!

마음 사용하는 대로

술을 찾다 보니 내가 술이 되고
어둠을 찾다 보니 내가 어둠이 되고
죽음을 찾다 보니 내가 죽음이 되어있더라.

별을 찾다 보니 내가 별이 되고
달을 찾다 보니 내가 달이 되고
빛을 찾다 보니 내가 빛이 되어있더라.

길을 찾다 보니 내가 길이 되고
진리를 찾다 보니 내가 진리가 되고
생명을 찾다 보니 내가 생명이 되어있더라.

사랑을 찾다 보니 내가 사랑이 되고
행복을 찾다 보니 내가 행복이 되고
극락을 찾다 보니 내가 극락이 되고
관세음보살님을 찾다 보니 내가 관세음보살이 되어 있더라.

인생은

자신이 원하고 행동하는 대로

결과가 나타납니다.

원하는 것은 멀리 있는 것이 아니라

자기 안에서 다 이루어집니다.

어둠의 길목을 헤매는 사람은

결국 자신이 어둠이 되고

빛의 길목을 걷는 사람은

결국 자신이 빛이 됩니다.

놓는 연습

세상을
살아가는 모습을 보면
자신이 지어온
복 따라
살 사람은 살 자리를
죽을 사람은 죽을 자리를
찾아간다.
현실적으로
즐거움을 누리거나
고통을 겪거나
맨날 당하고만 산다는 속에는
자기
마음 씀씀이가
그렇게 되도록 만들어 왔다.
마음수행은
행동을 하기 전에
마음
움직임을 통찰하고
놔 버리는
공력을 길러가는 것이다.

10초 발우명상

눈을 감습니다.
삭발한
맨몸에 천하나 걸치고
발우를
들고 있는
자기 모습을 상상합니다.
이어서
맨발로
부처님 뒤를 따라
탁발을 나가는 모습을 상상해 봅니다.
그리고
탁발행렬과
자신을 분리시켜 내고
그 거룩한 행렬을 향해서
삼배를
올리는 상상을 해보시기 바랍니다.
이제 눈을 뜨고
빈 마음으로 일을 시작합니다.
주어진 시간이
너무나 행복하게 느껴질 것입니다.

○

마음을
챙기는 사람은
항상 번뇌와 망상을 처리하는데
주저치 말고
마음에서
일어난 현상을
바라보며
자기와 상관없는 일이니
"난, 모른다!"하고
내려놓도록 해야 합니다.
자주 챙기다 보면
내공력이 생겨서
단칼에 무를 베듯
자기와
분리시켜
낼 수 있게
됩니다.

복 씨를 뿌리자

사람이 착한 일을 하면
이를 보고
하늘은 '행복한 길'을 걷는 사람이라 하고
땅은 '진실의 밭'을 가꾸는 사람이라고 하고
사람은 '감사하다'는 에너지를 그 사람 주변에 가득 내려놓게 됩니다.
이렇게 복 씨는 하늘과 땅과 인간 세상에 뿌려지게 됩니다.
그렇게 해서
지구라는
땅 위에 살더라도
복이 되는 땅과 인연이 되게 되고
사람들과
어울려 살더라도
복이 되는 사람과 인연이 되게 되고
죽어
저세상으로 가더라도
복 있는 사람들이 살고 있는 곳으로 인연 되게 됩니다.
오늘
작은 복 씨 하나라도 뿌리는 시간 만들어 보세요.

○

동행

사랑하는 사이는 같은 곳을 바라본다고 했습니다. 사랑은 몸과 맘으로 '함께'하는 것입니다. 몸이 함께 할 수 없으면 맘이라도 함께 하는 것이 사랑입니다.

불교에서는 대자대비라 하여 기쁘거나 슬프거나 항상 전체적으로 함께한다는 점을 강조합니다. 그리고 이것은 마음수행의 방법이기도 합니다. 그래서 생활이 곧 사랑의 실천이며 수행인 것입니다.

"스님! 지금 뭘 하십니까?"
"뭘 하긴, 보다시피 걷고 있잖아!"
"그러니깐 어딜 가시는데요?"
"아니, 그냥 걷는다니깐 그러네"
"그냥 산책하시나요?"
"데이트하는 거야!"
"누구랑요?"
"너도 함께하거라!"

우리의 움직임을 보면 몸 따로 맘 따로 하는 경우가 많습니다.

배고프면 밥 먹고 졸리면 자고 차 마시면 차와 함께하고 화가 나면 화와 함께하고 우울하면 우울함과 함께하고 고통스러우면 그 고통과 함께하고 즐거우면

그 즐거움과 함께하면서 지금 이 순간, 자신의 움직임을 알아차리도록 해야 합니다.

그러므로 사랑이나 수행의 원리는 같은 것입니다. 그러나 자기의 움직임과 함께 하지 못하는 사랑이나 수행은 탐욕에 빠져드는 것이요, 마음을 어지럽히고 목마름만 키우게 됩니다.

o

몸은
음식물을 공급해서
배를 채워야
포만감을 느끼고

맘은
생각을 비어낸 만큼
자족감을 느껴서
행복해한다.

눈은
비어야 사물이 보이고

귀는
비어야 소리가 들리고

코는
비어야 숨을 쉬고

입은
비어야 음식물을 씹고 맛을 알게 되고

몸은
비어야 속이 편하고 개운해지고

생각은
비어야 마음의 본 모습이 드러나서 행복해진다.

그러므로 눈구멍, 귓구멍, 콧구멍, 입 구멍, 몸 구멍, 마음의 구멍은 비워져야 한다.

이것이
비운 사람의
맑고
향기롭고
평화롭고 행복함인
것이다.

○

혼자든
둘이든
행복하면 된다.

자기 마음이
행복한 사람은
어디에 있던지
그곳에
행복의 바이러스를 퍼트릴 것이니
즐거워할 일이다.
그러나
자기 마음이
불행한 사람은
어디에 있던지
그곳에 불행의 바이러스를 퍼트릴 것이니
두려워할 일이다.
그러므로
마음의 관리는
자기의 행복에 그치지 않고
세상의 안녕과 행복에 연관된
문제이기에
함께 고민하며 풀어가야 한다.

육하원칙

제
가
지금
여기서

    한
    송
    이
    연꽃으로 피어나기 위해
    연 씨를 바라봅니다.

        한
        송
        이
        연꽃으로 피어나
        맑고
        향기로운 세상을
        꾸미렵니다.

이 세상에 올 땐 한 물건도 없이 왔잖아?
"네"
"그럼, 내려놔라!"
"한 물건도 없거늘 뭘 내려놓으라 하십니까?"
"그럼 편히 쉬시게나!"

걱정도 팔자

아침에 눈을 뜨면
거지는 세끼 음식을 걱정하고
부자는 더 벌어드릴 걱정하고
기도자는 감사로 시작하고
수행자는 기쁨으로 시작한다.

오늘 아침 이부자리 위에서 눈을 뜨시면서
하루가 또 주어짐에
감사하고 기뻐하셨습니까?
그게 잘 안 된다고요?
그럼 무조건 웃는 연습부터 해보세요.

하루 주어진 시간을
어떤 사람은
몸부림치며 벗어나고 싶어 할 수도 있고
또 어떤 사람에겐
꿈이라면 깨지 않았으면 할 수도 있습니다.
똑같은 하늘 아래 사는데
왜 각자 다른 하루를 맞이할까요?

자기 마음 사용한 대로 주어진 인연 때문입니다.
그래서 '걱정도 팔자'라고 하는 것입니다.
자기가 만든 대로 타고난 팔자이니
지금의 삶이 싫으면
지금부터라도
마음을 잘 사용하도록 해야 합니다.

o

나의
삶이
소중함은
오직 하나뿐이니까요.

만남이
소중한 것도
오직 하나뿐이니까요.

세상에는
나와 너의
삶을
대신해 줄 사람은
단, 한 사람도 없습니다.
그래서 소중한 삶이요, 인연입니다.

소중히
잘
관리해야겠습니다.

o

예수님은
"천국은 어린아이의 것이라고" 하셨다.
왜
세상 분별을 하지 못하는 아이가
천국을 소유한다고 하셨을까요?

어린아이는
부자도
가난한 자도
아닌
인생의 제로 지점에 머물러 있다.
마치 수학에서 플러스와 마이너스의
기준점인
제로와 같은 것이다.

긍정도 부정도
아닌
오직
자기에게
머물러 있을 뿐이다.
어른으로
성장한 인간은

생각이
잠시도 자기 자신에게 머물러 있지 못하고
이리저리 밖으로 옮겨 다닌다.
이를 정신 빠진 사람 또는 정신 나간 사람이라고 한다.
그래서
보고 듣고 느끼고 생각했던 마음들을 내려놓고
이 세상
맨 처음
태어난
갓난아이의 마음으로
돌아가야
천국이
자기 속에 내려와 있고
자신이
천국을
품고 있음을
알게 된다.

○
이 세상의 움직임은 모든 것이 변합니다
그래서
좋은 것은
계속 붙들고 살고 싶고
싫은 것은
멀리 떨치고 살려는
마음 때문에
고통이 주어집니다.
결국
자신이 원하는 것은
잃게 되고
자신이 싫어하는 것을
얻게 되는
고통이 따릅니다.
인생살이가
쉽지 않습니다.
일단
변화를 인정하고
마음을 비우고
할 수 있는 노력을
해 나가야 합니다.

왜 비우라고 하는가?

비우지 않고
채우고만 있으면
괴로워서 견딜 수 없고
비우고 나면
그 빈자리를
새로운 것으로
채울 수 있기 때문입니다.
그래서
비운다는 것은
새로운 길을
여는
것입니다.
지금까지
자신이 고집하는 것으로는
길이
보이지 않기에
새 길을
내기 위해서
비우라는 것입니다.
비운만큼 길이 열립니다.

작게 비우면

작은 길

크게 비우면

큰 길이 열립니다.

○

출가사문이란

'문제없음의 상태'를

죽을 때까지

지키기

위해서

자신의 생각을

비우고 또 비우는 삶을 삽니다.

평생을

얻어먹고

보잘것없는 그릇과

남루한 천 하나를 몸에 두른 것마저

세상에

빚을 진 것이라는

미안한 맘을 지니고

살아갑니다.

떠오르는 태양

떠오르는 태양과
지는 태양의 모습은
비슷합니다.
떠오르는 일출 모습을
앞으로 진행하면
지는 일몰 모습이요
지는 일몰 모습을
앞으로 더욱 진행하면
떠오르는 일출 모습입니다.

인생도
올 때의 모습과
갈 때의 모습
그리고
다시 올 때의 모습이
비슷합니다.
자연의 운행 패턴이 그렇게 되어 있습니다.

그래서

콩을 심으면 콩으로

팥을 심으면 팥으로

선행을 하면 선한 결실이

악행을 하면 악한 결실을 거두게 됩니다.

텅 비어 있는 허공

텅 비어 있는 허공도
항상 맑지만은 않습니다.
때론
흐리기도
바람이 불기도
비가 내리기도
벼락이 치기도 합니다.
그렇다고
텅 빈 허공이 아닌 것은 아닙니다.
허공은
인연 따라 일어나는 변화를
그대로
표현해 주고 있을 뿐입니다.

인생도
살다 보면
울 일도
웃을 일도
화낼 일도
있습니다.

바라보는 마음은
인연 따라
일어나는 일을
거울처럼
그대로 비춰줄 뿐입니다.

화낼 일이 있으면
화를 내고
울고 싶으면
울고
말하고 싶지 않으면
침묵하고
말하고 싶으면
하세요.
단지
그러한
감정의 변화가
일어나고 있다는
사실을
잊지는 마세요.

세상은

인연(조건)

곧

만남과 헤어짐으로

끝없이 변합니다.

몸도

맘도

생각도

끊임없이 흐르는 물처럼

잠시도

고정된 것이 없습니다.

영원한 사랑이란

세상에는 존재하지 않습니다.

그렇게 변함없는 사랑이길 바라는 것뿐입니다.

그러므로

사랑하는 사이에는

서로

많은

이해와

용서와

포용하는 노력이 필요합니다.

보는 대로

하늘을 보면

하늘이 되어가고

바다를 보면

바다가 되어가고

산을 보면

산이 되어가고

부처님을 보면

부처님이 되어가고

사랑하는 님을 보면

님이 되어갑니다.

괴로우시면 괴로움을 보지 말고 내려놓으세요.
힘드시면 힘듦을 끌어 앉지 말고 내려놓으세요.

그래서
마음이 텅 비면
평안해
집
니
다

때에 맞는 몸짓

하루를 마무리하는 저녁 무렵이 되면 서산엔 해가 걸리고 노을은 찬란한 빛을 발휘하여 뭇 사람들의 이목을 집중하게 한다.

한 해를 마무리하는 가을이 깊어가는 무렵이 되면 자연도 한 해 동안의 수고로움을 위로하고 휴식에 들어가기 위해 대자연의 축제를 벌인다.

산천을 온통 단풍으로 물들이고 찬란한 빛의 축제를 벌이면서 뭇 사람을 자기 품으로 들어오게 하는 것이다.

사람도 중년에 들어서면 일생을 마무리하는 자축의 한 마당을 종종 열어서 주변 사람들로 하여금 다가오게 해서 즐거운 시간을 보낼 줄 알아야 한다.

그러려면 굳게 잠긴 지갑을 열어서 베푸는 선행을 실천해야 하는 것이다. 나이 들어가면서 지갑을 잠그고 베풀 줄 모르는 사람은 자기 인생을 마무리할 줄 모르는 사람이다.

이러한 사람은 한평생 땀 흘려 살아왔지만 늘 배고픔 속에서 자기만족을 모르고 살아온 시간을 낭비한 불쌍한 사람인 것이다.

웃음의 효과

목이 굳으면 웃음 대신 기막힌 표정 짓고 살게 됩니다. 고혈압에 어지럼증, 이명증, 불면증세를 앓다가 치매와 중풍에 걸리기 쉽습니다. 이를 예방하는 운동법으로 도움되는 체조법 하나 알려드리겠습니다.

1) 어깨너비로 발 벌려 서서 몸에 힘을 쭉~ 뺍니다.
2) 목을 좌우로 크게 원을 그리며 3회씩 돌려줍니다.
이때 턱, 목, 어깨의 힘을 계속 빼가면서 돌려야 합니다.
마무리는 입술을 살~짝, 이로 깨물 듯한 표정을 지으면서 30초 동안 웃음을 유지합니다.
이 순간을 즐기도록 하세요. 꼭, 30초 동안 즐겨야 합니다. 그리고 종종 거울 앞에 비친 자기 얼굴 표정을 살펴보세요.

울고 있는지
웃고 있는지
화나 있는지
멍해 있는지
시체는 표정이 굳어 있으나 천진스런 아기는 수시로 웃음 짓습니다. 웃음은 업을 녹이고 운을 부르는 주문입니다.

화가 나서
우울해서
슬퍼져서
웃을 수가
없다면
부처님의
염화시중
미소를 떠올려보세요.

우리 몸이 긴장하면 뇌세포도 역시나 긴장하게 됩니다. 웃음은 아주 이른 시일 안에 뇌의 긴장을 풀어주는 신묘한 힘이 있습니다.

사람은 기쁜 일이 있어도 웃고 너무 기막힌 일을 당해도 웃고 정신이 미쳐도 웃습니다. 갑작스러운 일에 놀라면 뇌혈관이 수축하여 경련을 일으키게 되니 이를 이른 시일 안에 풀어내지 않으면 뇌에 이상이 발생하게 됩니다. 그래서 웃음을 짓게 되는 것입니다.

그만큼 웃음이란 몸과 뇌의 긴장을 풀어내고 심혈관, 뇌혈관의 활동을 원활하게 해주는 효과가 큽니다.

향기로운 삶

인간은 세상에
바람 따라 흘러와서
바람피우며 살다
바람처럼 사라져 가는 것이다.
오늘은
무슨 바람이 불어와
내 마음을 두드릴지
이왕이면
맑고 향기로운 바람이길 바라본다.
제가 지금
몸을 비어 탐욕을 비우니
계향이여, 불어오소서!
가슴을 비어 성냄을 비우니
정향이여, 불어오소서!
머리를 비어 어리석음을 비우니
혜향이여, 불어오소서!
그리하여 머무는 곳곳마다
해탈 향기 날리어
일체중생이
해탈지견에 머물게 하소서!

미안하고 감사하고

숨을
들이마시고 내쉬고를
반복하면서
날
살아있게 하려고
내 가슴 되어
숨 쉬시는 폐!

새순처럼 여리지만
날
살아있게 하기 위해
단, 1초도 쉬지 않고
숨을 쉬고 있다.

자기 아닌 오직
날
위해 숨 쉰다.

그런데 난 그를 위해 하는 일이라곤
잘못된 생활자세로
가슴을 쪼이게 하고
스트레스, 오염된 공기, 황사 먼지, 독한 공기를
계속 주입하고 산다.
나를 위해
헌신하는 폐에게
격려가 아닌 죽음과 맞서 사투를 하게 한다.
그 결과
폐는 서서히 멈춰가고 있다.
나의 폐는
바람에 움직이는 책갈피를 닮듯
여린 놈이다.
이기적이고 약삭빠른 세상에
나를 살리겠다고
내 가슴 속에 들어와 살고 있는 착한 놈이다.
세상에 이런 놈이 어디 있으랴!
가슴 한 번 어루만지며 다독거려 본다.

"고마워

미안해

그리고

잘할게!"

고맙고 미안할 게 어찌 폐뿐일까!

내 몸 밖에 붙어있는 이목구비와 내 몸 안에 들어와 사는 오장육부 모두가 고마운 존재들이다.

이 세상 떠나갈 때 이들의 고생도 마치겠지만, 그때 난 이들에게 뭘 남겨 주고 떠나지? 그냥 쓰다 버려지는 소모품처럼 버리고 가면 되는가? 무덤에 묻히든 화장장에 가서 태워지든 상관없는 것일까?

잘 먹고 잘 걷자

짐승들은 건강을 위해 특별히 하는 운동이 없다. 그냥 걷는 것이 전부다. 작은 다람쥐부터 큰 하마나 코끼리까지 걷는다. 동물의 왕국에서 왕 노릇 하는 힘센 호랑이나 사자도 걷고 또 걷는다.

사람도 동물이 진화된 것이니 몸 구조가 동물과 다름없다. 자연건강법으로 걷는 것 이상 좋은 것이 없다. 부처님은 2562년 전에 85세까지 살으셨다. 그것도 하루 한 끼 드시면서.

걸으면 발바닥에 설치된 체표반사점이 자극받아서 몸 각 부위에 연결된 스위치가 켜진다. 식후에 40분 정도 걸으면 소화도 촉진되고 세포가 영향흡수를 쉽게 할 수 있어 좋다. 그뿐만 아니라 뇌세포에 충분한 영양물질이 공급될 수 있어 정신건강에도 아주 좋다.

그래서 스님들은 식후에 가볍게 산책하며 몸 건강을 돌보는 것이다. 부처님 계실 때부터 실시되어 내려온 한 끼의 식사를 해결키 위해 마을로 내려가 탁발하는 전통 속에도 걷기운동의 효과가 포함되어 있다.

옛날 가마 타고 다니던 양반들은 기름진 음식에 술을 마시고 걸을 시간이 부족하다 보니 건강 문제가 컸다. 그래서 양반 하면 떠오르는 것이 배가 남산만큼 부풀어 오른 맹꽁이 배다, 그 배속에 온갖 병들을 주워 담고 살았던 것이다.

반대로 홀쭉이 배가 있다. 먹어도 안 먹어도 항상 배가 쏙 들어가 있으면서 온갖 병을 지니고 사는 경우로 세포가 모든 영양물질의 수납을 거부하는 것이다. 세포가 스트레스를 받고 너무 필요 없는 자극적인 음식을 밀어 넣으니 심한 거부반응을 일으키는 것이다.

한 마디로 "원치 않는 음식물을 내게 들이밀지 마라!"는 일종의 경고인 것이다. 그런데도 미련스럽게 해오던 습관을 바꾸지 않는다. 결국 세포들은 악에 받치어 눈이 뒤집혀 버린다. 이것이 암이다. 암은 눈이 뒤집히고 미쳐버린 세포다. 적게 먹고 싱싱한 과일을 먹여주며 자주 걷자, 그리고 세포는 갓난아기처럼 여린 존재로 마치 새싹과 같은 것이니 자극적인 학대를 하지 말자.

서양의학의 창시자 히포크라테스는 "음식으로 다스릴 수 없는 질병은 약으로도 고칠 수 없다."라고 하였다. 막행막식하면 마음의 평화는 깨지고 몸은 반란을 일으켜 병이 생긴다. 먹는 음식의 질이 마음의 질을 결정하는 것이니 아무거나 먹고 마시지 말자. 특히나 기도나 수행을 하면서는 더욱더 음식을 삼가지 않으면 안 된다.

몸에 병이 있으면 먼저 음식을 바꿔보고 마음이 괴롭거나 하는 일이 풀리지 않을 때도 음식을 바꿔보고 부처님처럼 앉고, 서고, 걸어보도록 하자.

○
빈손으로 왔으니 빈손으로 돌아가라

여보게, 친구!
이 몸은 죽으면 한 줌의 재가 되니
나는 이를 셋으로 나눌 작정이네.

그래서
바람에 날리는 먼지 되게 흩날리고
물결에 출렁이다 고기밥이 되게 던져주고
나무뿌리에 거름 되게 뿌려주고 싶다네.

죽으면 혼은
평소의 생각 따라 이리저리 떠돌다가
빚을 놓은 이에게는 받으러 가고
빚을 진 이에게는 갚으러 가는 것이니
이것이 다시 태어남이라네.

그러나
살아생전 마음을 청정하게 잘 닦아온 이는
몸을 버리면 곧장 서방정토 극락세계로 가서
몸(음식물의 집합체)을 버리고 이 세상을 떠나듯이
혼(魂:생각의 집합체)마저 버리는 마지막 공부를 시작한다네.

우리가 지구라는 학교에 온 이유는
모든 만남을 통해
변한다는 사실
고통을 주고받는다는 사실
내 것이라 주장할 것이 하나도 없다는 사실을 깨달아
먼지 하나라도 소유하려는 집착심을 버리고
생각으로 조립된 영혼을 해체시키는
현장학습을 하고 있다네.

그것은
영원하고 즐겁고 행복을 누릴 만한
불국토의 주인 마음을 회복하는 것이라네.

살아생전 이 뜻을 이루지 못하고
죽게 되면
이 세상으로 다시 돌아와 재교육 과정을 밟게 된다네.

이번 생도 이렇듯 힘들게 살았는데
다시 태어나면 또 얼마나 힘들겠는가?

그런데 말일세

사람 몸을 받아서 와야 하는데

꼭 그렇지가 않는다는데 심각함이 있다네.

그러므로 사람으로 태어나 사는 동안

무얼 '이루게 해 달라'고 '조르는 기도'는 그만하고

매일매일 조금씩이라도

생각을 내려놓는 마음공부를 열심히 하시게나!

나를 바꾸자

자기를 바꾸지 않고서는
자기를 고통스럽게 하는
문제점이
정리되지 않습니다.

꽃향기 날리면 벌과 나비가 날아들고
바지에 묻은 똥을 씻지 않고 다니면
벌레나 파리가 들끓기 마련입니다.
똥을 싼 자신을 탓해야지
똥을 쫓아온 벌레나 파리를 탓해서야
문제가 풀리지 않습니다.

내게 원치 않는 결과가 생겼어도
문제의 원인이
자기에게 있다는 것을
이해하고
운명의 프로그램을
조정하는 작업인
기도와 수행을 해야 합니다.

자기가 행복하게 살기 위해서라도 기도를 통해서
자기 정화를 시켜야 합니다.
그리하여
먼저
자기가 살아나면
자기와 얽혀있는 인연들이 하나씩 정리되어
각자
자기 자리로 돌아가게 됩니다.
문제를 풀어내려면 책임의 작고 큼을 따지지 말고
무조건 자기 잘못을 고백하고 용서를 빌어야 합니다.
"부처님! 제가 알게 모르게 죄지음을 용서해 주시고 바른길을 열어주십시오"
하면서 매달려야 합니다.
무조건 용서를 구하며 엎드린 자에겐
무조건 길이
열리게 되어 있습니다.

시작과 끝을 위한 준비

아침 일찍이 아랫동네에 사시는 보살님께서 앵두를 선물로 놓고 가셨습니다.
앵두가 예쁘기도 하지만
정성스럽게
도자기 그릇에 잘 담아서
마음을 환하게 합니다.

무엇이든 정성이 깃들면
보는 이로 하여금 감동을 일으키지요.
여러분도 감동을 주며 사는 사람이 되고 싶지요?
그러려면 남이 아닌
자기 자신에게
정성을 들여서
자기를
보는 이로 하여금
감동이 일어나게 해야 합니다.
사람들은 자기 몸에는 정성을 잘 들이며 사는데
맘에게는 너무 인색하며 살고 있습니다.

그래서 맘이 영양부족으로 어지럼증과 우울증에 맘이 바짝바짝 마르는 소갈증까지 앓게 하지요.
일상이 바쁘다는 이유로 자기 맘을 챙기지 못하고 사는 분들을 위해서 영양제 하나를 소개해 드릴 것이니 정성스럽게 복용하시길 바랍니다.

약은 나눠 먹으면 안 된다고 하지만
제가 권해드리는 약은
나눠 드실수록
약효가 강해지는 특징이 있습니다.
또한 다른 영양제들은
여러 날을 드셔야
효과가 발생하는데
제가 전해드리는 영양제는
당일부터 효과가 발생합니다.
저도 복용한 지 꽤 오래되었는데
제가 그 효과를 톡톡히 봤습니다.
약은 부처님이십니다.
복용법은 아침저녁으로 이부자리 위에서

무릎을 꿇고 합장한 채,
눈을 감고서 빠른 속도로 '부처님~부처님~'을

대략 10회 정도 암송하고 합장인사를 드린 후 주무시면 됩니다. 아침에도 눈을 뜨면 이부자리 위해서 그대로 실시하면 됩니다. 그런데 사정이 여의치 않으신 분은 그냥 무릎 꿇지 않고 누워서 하셔도 됩니다.

잠들기 전
깨어난 직후에
한다는 데 의미가 있습니다.

왜냐하면, 처음은 끝으로, 끝은 처음으로 이어지는 자연의 이치 때문입니다. 이것은 이 세상을 마치고 이어지는 새로운 삶의 시작을 알리는 중요한 의미를 담고 있습니다.

그래서 마지막 상황을 어떤 모습으로 종료하느냐가 중요합니다. 종료된 상황이 열리면서 새로운 시작이 되기 때문입니다. 잘 사는 길이 잘 죽는 길이요, 잘 죽는 길이 잘 사는 길이라는 이치가 그것입니다.

8월은 감사의 달

벌써 한 해 농사를 마무리하는
한가위가 다가오고 있습니다.
각자 생활농사도
풍성한 결실이 얻어지길 원합니다.
음력 8월은
살아 있는 모든 생명의 근본인
하늘에 감사하고
사람의 근본인
부모와 조상에 감사하고
이 땅에 함께 어울리며 사는 사람들께 감사하는
달입니다.
자기 혼자의 힘으로 살아가는 것 같지만
모두
하늘이 돕고
부모와 조상이 돕고
이 땅의 사람들이 도와서
살아가는 것입니다.
그래서
감사하고 또 감사하는

마음을

일일이 표현할 수가 없기에

한 몫으로 모아

부처님께 예불을 올리는 것입니다.

부처님께

예불하고 공양 올리는 것은

곧 하늘에 제사 올리고

조상님께 제사하고

자기를 아는 모든 사람들께

감사하는 시간입니다.

감사의 마음을 잠깐이라도 내는

착한 마음이 복을 짓는 것입니다.

잠시 눈을 감고

마음속으로

자기를 알 거나 모르거나

이 땅의 모든 사람들이

행복하길

기원해 봅시다.

수행은 행복한 나로 살아 있는 것

물질이 정교해지면
생각이 되고
생각이 조잡해지면
물질이 된다.
심지어
영혼도
생각의 힘에 의해 정교하게 만들이진 것에 불과하다.

다시 말하면
몸과 영혼이란 것은 생각이 만들어낸
피조물(가공품)이란 것이다.

그래서 생각의 움직임을 멈추게 하면
탐욕과
집착과
꿈마저
사라지고 빛으로 충만한 참 나로 살아 있게 된다.

수행이란 배워서 알고 쌓아서 소유하는 것이 아니다.

지금껏 세상 돌아가는 길을 따라 살아온 방식을 멈추고

곧바로

마음이 꽃피어나게 하는 조치이다.

이를 깨어있는 스승들은 "불입문자不立文字 언어도단言語道斷 직지인심直指人心 견성성불見性成佛"이라고 하였고,

반야심경에서는 "관자재보살觀自在菩薩 행심반야바라밀다시行心般若波羅蜜多時 조견오온개공照見五蘊皆空 도일체고액度一切苦厄"라고 하여 생각을 멈추게 하고 마음의 본래 모습을 곧바로 드러나게 하는 방법을 말해주고 있다.

그것은 몸의 탐욕, 영혼의 집착, 마음의 꿈마저 벗어버리고 하나의 티끌도 묻어 있지 않은 본래무일물本來無一物한, 참 나로 살아 있는 것이다. 그래서 해탈이란 참 나를 에워싸고 있는 '나'라는 것을 철저하게 해체시켜서 푸른 창공을 자유롭게 날게 하는 것이다.

자유란 그 무엇에도 근거하고 의존하지 않는 마음 상태이기 때문에 대상이 있으면 안 된다. 대상이 있는 자유로움은 그에게 노예가 된 상태이기 때문에 진정한 자유가 못 된다.

신이나 부처님이나 그 어떤 경험의 내용이나 모두 내려놓을 때 주관도 객관도 사라지고 절대인 의식만이 홀로 살아 있는 자유로운 상태가 된다.

○

생각을
붙잡고 좇으면

중생되어

여섯 갈래 길에서

갈지 자 걸음을 걷고

생각을

내려놓으면

부처 되어

한 길로 걸어갑니다.

상대를 챙기며 살면

극락으로

줄 건 주고, 받을 건 받고 살면

인간으로

줄건 별로 없고 챙길 것 위주로 살면

짐승으로

자기 생각과 기분 위주로 살면

아수라로

남의 밥그릇 빼앗고 살면

아귀로

자기만 챙기고, 자기 생각과 기분, 남의 밥그릇 빼앗고 살면
지옥 길을 걷는 것입니다.

뿌린 대로 펼쳐진다

기도란 마음이라는 밭에 이루고자 하는 꿈 씨를 심는 것이니 정성의 깊이에 따라서 싹이 트여 나올 것이다. 사람은 씨 관리를 잘해야 잘 태어나고 잘살게 된다.

자식 만드는 정자와 난자는 씨요
마음먹는 하나하나도 씨니 마음씨요
글 한 자, 한 자도 씨니 글씨요
말 한 마디 한 마디도 씨니 말씨요
한 생각, 한 마디, 한 글자 모두가 씨 아님이 없으니 텅 빈 마음 밭에 씨 뿌리는 대로 나타나는 것이 인생이다.

남을 사랑하는 마음을 가지면 그 순간
사랑의 씨가 마음 밭에 뿌려지고
남을 미워하는 마음을 가지면 그 순간
미움의 씨가 마음 밭에 뿌려진다.

따지고 보면 자기 인생 펼쳐지는 모습은 자기가 뿌린 대로 거두면서 살아가는 것이니
남 잘되게 뿌린 씨, 그 열매도 자기가 거두고

남 못되게 뿌린 씨, 그 열매도 자기가 거둔다.

잘살고 못사는 것도

잘나고 못난 것도

자기 마음 밭을 관리해온 자기 탓이다.

그러므로

매일매일 마음 밭에 복 씨를 뿌린다는 마음으로

하루하루를 살아야 한다.

오늘도

좋은 마음씨 하나 뿌리는

복된 인생을 살아보자.

텅 빔을 찾아내는 금강경의 공식

나 + 너 = 내

너 + 나 = 네

내와 네를 다르게 표현하면? 우리

나 × 0 = 0

너 × 0 = 0

우리 × 0 = 0

그렇다면 '0'은 무엇인가? 공(空)이다.

공(空)은 무(無)인가? 그렇다.

그러므로

육조단경에 이르길,

자성自性이란

본래무일물本來無一物이니

'털어내고 닦아낼 것이 없다'고 한 것이다.

비우고 내려놓음이란

바라보는 자성自性과는

아무런 상관이 없고

단지

인연 따라 다가왔다가 멀어지고

모였다가 사라져 가는

현상뿐이다.

그러므로 내려놓음이나 비움이란 바로 인연 따라 오가는 현상을 말하는 것이다.

o

염불은 참 나를 불러낸다

어느 집안에 있었던 이야기이다. 부자지간에 서로 쳐다보지도 않고 아버지가 거실에 있으면 아들은 자기 방에서 나오지도 않고 아버지가 안방에 계시면 아들이 거실을 점령하고 있으니 아버지가 나오질 않는다고 한다.

어쩌다 얼굴을 마주하게 되면 서로 고함을 치고 집안의 소품들이 공중부양이라도 한 듯이 날아다닌다고 한다. 눈에 보이는 대로 집어서 던진다고 하니 집안 꼴이 말이 아니었다. 아무래도 이 집안에는 호랑이 한 마리가 꼭 필요하다는 생각이 들었다. 그래야 서로들 쥐 죽은 듯이 엎드려 지낼 것이니 말이다.

그렇다고 호랑이를 구해다 줄 순 없으니 호랑이 대신 고양이 한 마리를 스님의 이름으로 사주기로 하고 가족에게 반드시 스님이 선물한 고양이라는 것을 강조하라고 일러드렸다. 서울 노량진시장에 가서 한 마리를 사서 기르라고 30만 원을 주고 구입해서 이름을 '꼬맹이'라고 지었다고 한다.

"꼬맹아! 꼬맹아!"하고 부르면 보이지 않던 고양이가 쏜살같이 달려온다고 한다.

남편도 "꼬맹아!"

부인도 "꼬맹아!"

아들도 "꼬맹아!"라고 불러대니 요리조리 뛰어다니느라 꼬맹이만 힘들어서 죽어날 판인데 정작 가족들의 분위기는 신기하게도 예전의 살벌하던 모습이 사라지게 되었다.

원수 만난 듯 으르렁거리던 아버지와 아들 사이를 꼬맹이 한 마리가 오가면서 화해의 분위기를 만들어낸 것이다.

가족 간에도 서로 호칭이 있다. 호칭을 부르면 자기를 찾는 것으로 알아차리고 대답을 하게 된다. 마찬가지로 우리의 참 마음도 자기의 이름이 있다. 바로 '아미타불', '관세음보살', '지장보살' 또는 참 나를 일깨우는 '비밀한 다라니' 등으로 불리는 염불이 그것이다.

그러므로 아미타불이나 관세음보살 또는 지장보살의 명호를 부르거나 다라니를 부르면 참 나가 튀어나오게 되어있다. 자기가 자기를 부르고 그에 대답도 자기가 하는 형식이니 자문자답이라고 할 것이다.

인간은 수많은 세월 동안 남을 찾아 밖으로 헤매는 삶을 살아나온 습관에 길들어 왔다. 그러나 삶의 주체인 자기 자신을 자기 안에서 애타게 찾는 일에는 관심을 별로 두지 못했다.

자기를 잃어버린 지 오래인 인간은 이제 자기를 찾을 이유조차 망각한 채 외로움을 나 아닌 밖에서 해결하려고 수많은 사람을 찾아 헤맨다. 그뿐만 아니라 자기만족과 위안이 되는 몰두할 수 있는 일거리들을 찾아다닌다.

그러나 그 본질적인 외로움이 해소되지 못한 채 '군중 속에 고독'

이요, '분주함 속에 외로운 인간'으로 살아가고 있다. 인간의 고독함이란 홀로 있어서 생기는 마음이 아니라 홀로 있는 마음을 이해하지 못한 데서 생기는 심리현상이다.

 수행을 하게 되면 나라는 존재는 전체에서 분리되어 외롭게 홀로 있는 생각으로서의 나가 아니라 전체와 더불어 함께하는 본질적인 나로 인식하게 된다. 잃어버리고 사는 참 나를 불러내는 염불수행이야말로 누구나 쉽게 실천할 수 있는 방법이다.

 법성게에 "무연선교착여의無緣善巧捉如意"라고 하였다. 망상을 쉬게 해서 생사고통을 끊어내고 참 나로 돌아갈 수 있는 교묘한 방편을 잡았다는 뜻이다. 사람은 누구나 열두 마리 동물 중에 어느 하나의 띠에 해당한다.

 이 12마리 중에 용이란 동물은 나머지 11마리 동물의 특징을 집합시켜서 만들어진 동물이다. 그래서 용은 11마리 특징을 몸 이곳저곳에 다 갖추고 있으며 그들의 역할을 다 해낸다.

 천상과 지상과 바다를 마음대로 오르내리며 풍운조화를 부리다가 최종적으로는 하늘로 승천할 수 있다고 하는 것이다. 그런 의미에서 용은 마음이 자유자재하게 때와 장소에 맞게 대응할 수 있는 보살을 상징하기도 한다.

 그러나 용이 승천하는 데 꼭 있어야 하는 조건이 '여의주如意珠'이다. 이 여의주를 입에 물어야만 한다. 여의주를 몸에 지니거나 꼬리에 지닌 것이 아닌, 오직 입에 물어야 한다.

왜 입인가? 바로 잃어버린 참 나를 부르는 염불을 끊임없이 해야 한다는 것을 의미한다. 입에 물고 있는 여의주를 놓치게 되면 자기 뜻대로 움직일 수 없게 된다.

그러므로 용이 되어 승천하려면 잠시도 쉼 없이 자기가 자기를 부르는 선교善巧한 방편인 염불수행을 마음에서 놓지 말고 꽉 잡고 나아가야 한다.

그래서 뒤에 나오는 '이다라니무진보以陀羅尼無盡寶' 즉, 영원히 바닥이 드러나지 않는 무궁무진하고 무진장한

다라니(여의주)를 사용하라는 것이다. 그래서 염불은 자기가 자기를 불러내는 신호인 것이다.

마음에게 전하는 말

한 점의 구름 되어
바람 따라
외로이 흐르는 영혼이여!
어제는 뿌연 모래바람 타고 넓은 들판을 흐르더니
오늘은 푸른 물결 출렁이는 바다 위를 흐르다
서양 노을 되어 붉게 물들어 있구나!
내일은 또 어느 곳으로 흘러갈거나?
구름 같은 한 생각
바람 타고 흐르고 흘러
지구촌을 떠돈 지 억겁의 세월이 아니던가!
붙잡을 수도
놓을 필요도 없는
구름 같은 한 생각을
오직 생각으로 붙들고 떠도니
이제는 놔 버리고 자유로움을 누리시게!
끌어모으던 생각의 힘으로
족쇄를 만들어
자유로운 마음을 가뒀으니
이젠 한 생각 쉬시고
편안하시게나!

흘러가는

구름을 봐도

좋고

내리는 비를 봐도

좋고

휘날리는 눈발을 봐도

좋고

뒹구는 낙엽을 봐도

좋다면

당신은

이미

행복이

무엇인지

아는

사람입니다.

그 감성을

그대로 유지하며 살아가세요.

그렇게

살아가는 사람을 보살이라 합니다.

사랑하고 살리는 살림살이

사랑의 줄임말이 '삶'이다.

동사로는 '살리다'가 되며 사랑하며 살리며 살아가는 것을 '살림살이'라고 하는 것이다.

너나 나나 우리 모두 살림살이 좀 나아져야겠지요?

그래서 서로에게 관심을 가지고 챙겨주며 살아야겠습니다. 육바라밀은 보시로 시작하여 최종적으로는 지혜로서 중생들의 고통을 살펴서 다시 보시로서 어려움을 해결해주는 걸로 이어집니다. 그런 점에서 관심은 지혜와 통하고 사랑은 보시와 통합니다.

매일매일 우리에게는 새로운 하루가 손에 주어집니다. 좀 더 많은 관심을 갖고 사랑하고 좀 더 많이 챙겨보며 살려주는 시간으로 채워 가세요.

그리고 그 첫 번째 대상이 바로 자기 자신임을 알아야 합니다. 자기를 관심 갖고 사랑할 줄 알고 자기를 챙겨 살릴 줄 아는 사람이라야 세상을 사랑하고 챙길 수 있습니다.

자기에게 관심과 사랑을 할 줄 모르는 사람이 세상을 위하여 산다고 할 수는 없습니다.

○

자기가

천상천하에
오직 존귀한 존재라는 사실을 이해한 사람은
존귀한 자신을
아무렇게나 취급하지 않습니다.

연꽃이 흙탕 물속에 있어도
연꽃으로서의 자태를 잃지 않듯이
자기의 존재가
고귀한 존재라는 사실을 하는 자는
어떤 상황에도
자신의 품격을
손상시킬 짓을 할 수 없습니다.

인간은
자기의 존재에 대한
이해를
어떻게
하고 사느냐가
중요한 것입니다.

그러므로 어릴 때 성장 과정에서

부모님이 보여주고
들려주고 느끼게 해주고 생각하게 해주는
가정에서의 생활교육이 매우 중요하며
모든 인간은
자기와 똑같은 천상천하에 유아독존임을
깨닫게 해주어야 합니다.

부모로부터
함부로 취급받아서
마음에 상처가 남아 있는
아이들은
어른이 되어서도
그 상처로 인한 후유증을 앓고 살아갑니다.

그것은 사람을 믿지 못하는 불신과
서로 다른 생각에 대해서
격한 분노를 표출하며 폭력적이 됩니다.

자기가
귀하게 대우를 받아야
자존감이 높아지고
상대를 귀하게 여길 줄 알고

다른 사람에게도

그러한 기분을 느끼도록

표현해줄 수 있는 것입니다.

이것을 '거울반사행동'이라고 합니다.

보고 듣고 느끼고 생각한 대로

그대로 표현해 내게 된다는 이론입니다.

압력
밥솥 안에서

부글부글 끓는 소리가 들린다.

이제 약한 불로 약 2분 정도 뜸을 들이면 밥이 숙성이 된다.

숙성이란

마지막으로

진액을

우려내면서

밥알을 충분히 익히도록 하는 과정이다.

밥알은 뜸들임을 통하여

자신의 진기를 다 밖으로 드러내며 밥맛을 나게 하는 것이다.

사람에게도

숙성이라는 과정이 있다.

정신적, 물질적 소유를 밖으로 뿜어내서(비워서)

더욱더 자신의 내면을 확장시키고 빛으로 채우는 과정이다.

당신의

인생도 숙성이 되어가고 있습니까?

○

사랑은
일체를
품어 안는 것이니
차별을 두지 않습니다.

지혜는
깨어있음이니
일어나는
생각마다
명명백백하게 판단케 합니다.

일어나는
생각들이
욕망에 근거하면
번뇌와 망상이 되고
이타심에 근거하면
지혜가 됩니다.

절

절을 할 때 양손을 가슴 앞에 모으는 것은 '지심귀명례' 뜻인 지극한 마음으로 목숨을 바쳐 부처님의 마음과 가르침과 행하심에 의지하며 나아간다는 뜻입니다.

상체를 구부리는 것은 '나'라는 생각을 내려놓는다는 뜻입니다. 내려갈 때 무릎을 꿇고 앉는 것은 '탐욕 부리고 화를 내고 어리석은 생각으로 이기적인 욕망을 채우려 했던 탐진치 삼독심을 내려놓고 항복하겠습니다.'라는 뜻입니다.

이마를 바닥에 대고 몸을 바닥에 밀착시켜 붙이는 것은 지난 시절 잘못 살아온 '나'는 이제 살아지고 장사 지낸 바 되었으니 '나'는 이제 더 이상 존재하지 않는다는 '죽음'의 뜻인 '무아'를 의미합니다.

손바닥을 위로 올리는 것은 '부처님의 가르침(육바라밀)을 받들어 모시겠다.'는 뜻입니다.

수그린 상체를 일으키며 일어나려고 무릎을 꿇어앉아 있는 자세는 '죽었다가 새롭게 다시 살아나 부처님의 가르침인 육바라밀을 실천하기 위하여 현실 세계로 다시 돌아간다.'는 준비의 뜻입니다.

마치 100m 달리기를 위하여 출발지점에 무릎을 꿇고 대기하며 스타트 총성을 기다리는 선수와 같습니다.

그리고 두 손을 가슴 앞에 모으고 일어나는 것은 이제 바닥을 박차고 일어나 현실 속으로 들어가서 보살로서 육바라밀을 실천하는 삶을 살아간다는 뜻입니다.

이것이 절이 우리에게 전하는 메시지인 것입니다.

매일매일

내려놓고

반성하고

육바라밀을 실천하는 보살의 생활이 되도록 노력합시다.

빛 속에 어둠은 없다

밤이 되면 몸과 의식 활동이 멈추고 깊은 잠에 떨어져 휴식을 취합니다. 일종의 빛이 없는 무명의 상태인 '죽음'입니다.

그러다가 동터오는 새벽을 맞이하여 몸과 의식이 다시 깨어나서 움직이기 시작합니다.

빛이 떠오르면 더 이상 깊은 잠에 떨어져 누워있을 수 없어서 깨어 일어나게 됩니다. 그러므로 빛 가운데에는 어둠과 잠이란 있을 수 없습니다.

마치 어두운 방 안에 전등이 켜지면 눈을 비비며 깨어나는 것처럼 말입니다. 이러한 현상은 식물이나 동물까지도 그러하고 텅 빈 허공과 꽉 찬 땅도 마찬가지입니다.

태양의 빛과 생명체의 몸과 의식의 움직임이 연관되어 있음을 알 수 있습니다. 만물을 빛이 비추면 깨어서 활동하기 시작합니다.

마찬가지로 인간이 깨어서 기도하고 명상수행을 한다는 것은 마음속에 빛이 비추고 있는 상태입니다. 그래서 "자비광명 비추는 곳엔 연꽃이 피어나고 지혜의 눈길 이르는 곳엔 어두운 지옥이 사라진다."고 한 것입니다.

마음속에 빛이 비추는 자는
자기가 머무는 장소를 빛의 향기로 꾸미며
맑고 향기로운 공간으로 만들어 나가게 됩니다.

마치 한 송이 꽃이 피어있으면

아무런 움직임 없이

침묵하고 있어도 은은한 꽃향기가 날리어

주변을 향기롭게 하듯이 말입니다.

○
전체를 대표하는 나

세상에 존재하는 그 무엇이든지
전체로 들어가는 문이요,
전체를 대표하는 대표성을 지닙니다.

길거리에 널려있는
볼품없는 돌멩이 하나도
어느 담벼락 좁은 틈바구니를 뚫고 피어난
꽃 한 송이도
푸른 하늘을 그대로 담아놓은
고려청자도
은은한 보름달의 정기를 그대로 담아놓은
달항아리도 마찬가지입니다.

세종대왕이 창제한
글 한 자 한 자도
많이 배우거나 덜 배운
사람도
많이 가진 사람이나 덜 가진
사람도

예쁜 사람이나 못생긴
사람도

하늘이나 산이나 바다나 신이나 부처님이나 공기 중에 날아다니는 먼지 하나까지도 다 전체를 대표하는 존엄한 존재들입니다.

마치 어두운 방 안이 하나의 스위치를 켜는 순간, 방안의 모든 소품들이 한눈에 드러나게 되듯이 세상에 존재하는 하나하나가 전체로 통하는 지혜의 문이면서 곧 전체성을 지니고 있습니다.

수행이란
하찮게 여겨지는 아주 볼품없는
그 무엇이라도
전체를 대표하는
귀한 존재로 바라보며
'지심귀명례'하는 자세로
소중히 대하는 태도인 것이다.
당신은 누구입니까?
바로
전체로 통하는 문이면서 곧 전체 그 자체입니다.

그래서

화엄경의 대가이신 의상대사는

먼지 하나에도

우주가 깃들었다고 말하고 있는 것입니다.

빛의 눈

눈으로 보이는 색은 모양을 만들어서 시비가 생기고 희로애락이 생기지만 마음으로 보이는 빛은 모양을 만들지 않아서 시비가 없고 희로애락의 변화가 없어서 항상 평화롭습니다.
그러므로 현실적으로 옳고 그름을 가리고 좋고 싫고를 따지는 문제는 마음의 눈으로 바라보기 시작하면 사라지게 됩니다.

현상이란 봄, 여름, 가을, 겨울이라는 사계절의 변화에 의하여 생기는 것으로 빛과 어둠이 차례대로 진행되면서 변화를 일으킵니다. 그러므로 몸의 생로병사와 감정의 희로애락도 이의 소산임으로 일어나고 사라짐을 피할 수 없습니다.
그러나 마음속으로 들어가서 빛 가운데 항상 머물게 되면 변화는 더 이상 일어나지 않습니다. 변화란 빛과 어둠이 바턴을 주고받을 때만이 일어나기 때문입니다.
그러므로 바라보는 마음속에는 일체의 움직임이 일어나지 않고 고요하고 맑고 안락한 것입니다. 당신은 지금 빛 가운데 계십니까? 아니라면 지금 즉시 눈을 감고 빛을 떠올리며 빛의 축복을 받아 보세요.

인생사

모든
괴로움에서
벗어나고자 하면
어떻게 해야 할까요?

                    우선
                    남을
                    기쁘게 하는 일을
                    고민하고 실천하세요.

탐내고
화내고
분별하는 마음인
이기적인 욕망에서
벗어나고자 하면 어떻게 해야 할까요?

                    이 세상에
                    먼지 하나까지
                    자기 소유라고 고집할 것이
                    없음을
                    알면 됩니다.

살아

지나가시는
길목마다
꽃씨를
뿌려주세요.

그냥
지나치시면
지나간 길목을
꽃 대신
잡풀들이
차지하게 될 것입니다.
그리고
지나간 그 길을
다시 걸을 때는
잡풀을
뽑는
수고를 하셔야 합니다.

가장 아름다운 꽃씨는
웃음꽃씨입니다.

○

거울에
자기 얼굴을
비춰보세요.

예쁘게 보이면
"잘 살아줘서 고맙다!"고 하시고

밉게 보이면
"잘못 살게 해서 미안하다!"고 하시고
"앞으로 잘 살아 줄게!"라고 말해 주세요.

몸이 아픈 분도
생활이 고달픈 분도
마음이 괴로운 분도
"미안해!, 앞으로 잘 살아 줄게!"하고
말해주세요.

예뻐지려면 이름값을 하세요

　이름이란 무엇일까? 이름의 준말은 '일'이요, 일의 동사는 '일하다'가 된다. 사물이나 사람은 그 하는 일로 인하여 가치를 평가받고 그에 따른 대우를 받는 것이다. 지우개는 지우는 일을 함으로 지우개가 되고 화장품은 얼굴을 꾸미는 역할을 함으로 화장품이 되고 걸레는 먼지나 오물을 닦아냄으로 걸레라고 하는 것이다.

　그러므로 원을 세워서 가치 있는 일을 하게 되면 그 사람은 반드시 귀히 여김을 받으며 삶이 순탄하게 발전하게 된다. 이름이 개똥이든 쇠똥이든 세상에 유익한 삶을 살아야 한다.
　이름이 아무리 멋있게 지어졌어도 이름값을 못하면 천한 사람일 뿐이다. 요즘은 개명이 쉬워졌다고 어른이나 아이나 할 것 없이 많은 사람이 이름을 바꾸려고 한다. 그것도 유명 연예인들 같은 분위기 있는 이름을 선호한다.

　이름이란 단지 그 사람의 하는 일을 상징하는 것임으로 이름이 의미하는 생활을 할 생각들을 먼저 해야 하는데 생활은 그렇게 안 하면서 일확천금을 노리듯이 하니 도리어 궁색하고 천박한 삶을 살 뿐이다.

예나 지금이나 화류계 생활을 하는 기생들이나 어둠의 생활을 하는 깡패들의 이름을 보면 예쁘기도 하고 멋있기도 하지만 이름에 걸맞은 삶을 안 살고 천한 삶을 살아가니 자신의 모습을 어둠 속에 숨기고 용 못된 이무기나 꽃은 꽃이되 독한 향기를 풍기며 멀쩡한 사람들 마음을 유혹하고 정신을 혼란스럽게 하는 어둠 속의 꽃일 뿐이다.

그렇다고 이름의 영향력을 무시하는 것이 아니다. 이름은 고유한 에너지를 발산하여 운명에 어느 정도의 영향력을 행사하고 있다. 이름이 먼저가 아니고 어떠한 마음가짐으로 세상을 살아나가느냐가 더욱 중요하다는 것을 강조하는 것이다.

사랑을 하면 웃게 됩니다

아기 때는 시도 때도 없이 웃지만
어른이 되어 가면서 각박한 현실에
차츰 웃음을 잃어갑니다.
그러나
무엇이든 사랑을 하기 시작하면
웃음이 폭발하게 됩니다.
사랑은 웃음인 햇살이기 때문입니다.
웃음은
다시
만 가지 복을 불러오는 주문이며
하늘에서 내리는 축복이기도 합니다.

거지나 길거리 노숙자, 부도 나서 신용불량자가 된 사람, 죄짓고 도망 다니거나 교도소에 감금된 죄수는 별로 웃을 일이 없을 것입니다.
이들은 갑자기 웃음을 잃은 것이 아니고 자기 생활 자체가 웃음을 잃어가게끔 살아온 것임을 깨달아야 합니다.
지금부터라도 웃기 시작하면 운명이 바뀝니다.
그래, 웃기 위해서는 무엇이든지 하나를 정하여 사랑을 시작해야 합니다. 그것이 취미활동이라도 좋습니다.

ㅇ

천상천하유아독존이란

자기가 세상의 '중심'이라는 개념입니다.

우주의 중심점이

자기이니 자존감을 가지라는

뜻입니다.

인간은

생각이라는 키(key)를 통해서

가장 작은 점點도 되고

가장 큰 우주도 되는

일체유심조화를 연출해 내는 자기 삶의 주인입니다.

천국도

지옥도

신도

부처도

마귀도

영혼도

몸도

다 생각으로

창조해 내는 것입니다.

자기가 자기 인생을 기획하고 연출해낸 장본인임을 알아 항상 주인공으로 당당하게 살아있으세요.

○

집착

속에
뭔가 붙들어
의지하고 사는
방식에 길든 사람은
텅 빈 하늘
바다
산과 들판을
잠시는 통쾌하게 받아드리나
얼마 안 가서 견딜 수 없는 무게감을 느끼게 됩니다.

그것은 하나의 외로움으로 시작하여
불안감을 느끼게 하고 공포감에 휩싸이게 합니다.

이것은
마음을
사용하는 방식이
달라지면서
일어나는 심리현상입니다.

뭔가 끊임없이 끌어모으며
머리

가슴
배에 채워야

존재감을 느끼다가
모든 것이
해체되어 버리는
빈 공간의 힘에
자신의 존재감마저 연기처럼 사라져서
찾을 수 없기 때문입니다.

그러나
외로움, 불안과 공포의 마음을 넘어서야
비로소
자유로운 통쾌감을 소유한
자기가 됩니다.
잠시 인내심을 가지고 바라보세요.
텅 빈 공간 속에
꽉 찬 충만이 일어납니다.

비운 자만이
누리는
자존감과 행복한 마음입니다.

중심에 머무르는 마음이 중도

자신이 살아 있다는 감정은 자신의 움직임을 알아차리고 있는 상태로써 존재의 중심점에 머물러 있음입니다. 바닥에 던져진 팽이는 중심점이 잡히면 더 이상 위치를 옮겨가지 않고 그 자리에서 돌아갑니다.

비운 자는 중심점에 마음이 머물러 고요 속에 있지만 채운 자는 그 무게만큼 중심점에서 벗어나 주변으로 마음이 이동하게 됩니다.
마음을 비운다는 것은 마치 원심분리기 속에서 탐내고 화내고 우매한 생각들을 주변으로 분리시켜 내는 것과 같은 것입니다. 그러나 마음에 아무것도 집착하지 않는 자는 더 이상 분리해서 중심에서 주변으로 끌어내릴 것이 없습니다.

수많은 생각과 감정의 힘들은 중심에서 주변으로 자신을 끌어내리게 합니다. 그러나 판단을 중지하게 되면 그 순간 마음이 중심점에 머물게 되며 번뇌와 망상을 그대로 사라지게 합니다.
스스로 집착하고 있는 소유개념을 내려놓는 것의 공덕은 더 큰 자기를 곧바로 드러나게 해줍니다.

그러므로 스스로 원치 않는 소유의 손실이라도 상실감을 내려놓게 되면 잃어버린 것보다 더욱 큰 충만이 생기게 됩니다.

문제는 비워냄보다 집착에 마음을 두고 살아온 방식 때문에 마음을 쉽게 전환시키지 못하는 데 있습니다. 그동안 끌어모으는데 길든 방식에서 10분의 1이라도 내려놓는 태도의 변화가 생긴다면 당신 앞에 행복 문이 활짝 열리게 될 것입니다.

방학착 放下着!

보살의 유전자

　동물학적으로 보면 살아 움직이는 생명체들은 각자 자기의 강한 유전자를 여기저기 퍼트려서 자기의 후손들을 많이 번성시키고 이들이 세상의 주인이 되어 살아가길 원할 것이다.
　보살들은 보살의 유전자를 여기저기 퍼트려서 이 땅을 깨어있는 자들이 살아가는 평화로운 하나의 나라가 되길 원한다.
　채움의 논리는
　갈등을 일으키고 결국에는 투쟁하고 살상하며 하늘나라를 혼란으로 몰고 가고
　비움의 논리는
　서로 이해와 용서와 포용 속에서 평화로운 하늘나라를 만들어 가게 된다.
　먹고 마시고 입고 거주하고 살아가면서 종족을 번식시켜서 자신의 대를 잇게 하는 데만 열중하지 말고 이 몸을 가지고 있을 때 보살의 유전자를 계발하여 이 땅이 맑고 향기로운 하늘나라가 되도록 노력해야 한다.

인생이란 철들어가는 것

화려함 뒤에 찾아오는 허무감!
그러나
그 허무감 속에 화려함이
고스란히 담겨 있습니다.

인생도
중년이 되면
봄 꿈을 꾸며 여름처럼 뜨겁게 살아나온
지난 시절의 기억을 추억하며 삽니다.
대자대비는
큰 사랑과 큰 슬픔을 나눌 줄 알며
세상과 공감하며 소통하는 능력입니다.
그것은
수많은
봄, 여름, 가을, 겨울을 되풀이하며 철들어진
보석같이 빛나는 마음입니다.
인생살이
기쁨도 슬픔도 모두
대자대비하신
부처님 마음이 되어가는
공부과정입니다.

나의 중심점 확인하기

누군가를 관심을 갖고
살피며 챙겨보는
마음이라면
당신은
그 사람과
함께하며 사랑을 실천하고 있는 것입니다.
아프면 아픈 곳을
괴로우면 괴로운 점을
화가 나면 화나는 점을
즐거우면 즐거운 점을
좋으면 좋은 점을
싫으면 싫은 점을
관심을 갖고 살펴보세요.

이렇게 하는 시간이 0.3초의 짧은 시간이라도 좋습니다. 습관이 들면 0.3초 만에 기적을 일으키는 스위치를 손에 넣는 것이 됩니다. 우리말에 가랑비에 옷 젖는다고 하듯이 습관력이 생기면 큰 에너지가 움직이게 됩니다.

우리가 하는 마음공부를 수행이라고 합니다.
자기 마음이
언제
어디서
무엇에 연관되어
어떻게 움직이고 있는지를
살펴보는 행위를 말합니다.

우리가 살고 있는 지구는 자기를 스스로 돌려가면서(자전) 태양 빛으로 세세하게 비춰보며 살펴봅니다. 또한 태양을 중심점으로 놓고 돌아갑니다.

몸은 지구처럼 잠시도 쉼 없이 움직여 나가지만 맘은 태양처럼 잠시도 움직임 없이 항상 그 자리에 있으면서 생명의 빛을 방사해내고 있습니다.
인간의 마음은 본래 태양의 성질과 같으며 인간의 몸은 본래 지구의 성질과 같은 것입니다.

수행을 통해서 마음이 본 모습을 드러낸 것을 견성이라고 하는데 이것은 본래의 자기 모습을 발견되고 본래의 자기 모습이 현실적으로 폭발되어 나타나도록 점수해나가는 것이기도 합니다.

견성을 하였다고 해도 몸을 가진 생활은 계속됨으로 태양과 같이 움직임이 없는 가운데 만물을 챙기는 성질 곧 대자대비 하는 마음을 실천하여 오랫동안 습관화된
지구중심의 이기적인 생활습관을 태양 중심의 이타적인 습관으로 고쳐나가는 점수漸修의 생활을 하여야 합니다.
그것은 자기중심적인 자전적 생활방식에 끌려다니지 않고 태양 중심의 이타적인 생활방식의 삶을 지켜나가야 한다는 뜻이기도 합니다.

그래서 우리는
'나의 사고의 중심, 행동의 중심점은 어디에 있는가?'라는
자문을 하면서
더 큰 나로 깨어나는 삶을 살아가야 합니다.

죽음
앞에 서면 살아간다는 것이 한순간에 멈춰버립니다.

죽음을
생각하면 살아가는 일들이 모두 허망한 짓이 되어버립니다.

죽음
앞에 서면 한평생 맺어온 인연이나 일궈온 스펙이 아무런 의미가 없어져 버립니다.

죽음이란
모든 것을 빨아드려 사라지게 하는 블랙홀 같은 것입니다.

오늘 유명 텔런트 김주혁 군이 교통사고로 사망했다는 안타까운 뉴스가 전해졌습니다. 인생사가 예고하고 일어나면 미리 조심하고 대처하련마는 살다 보면 맑은 하늘에 벼락에 맞아 죽을 수도 있고 지진으로 꼼짝달싹 못 하고 있는 자리에서 그대로 땅속으로 꺼져 들어 변을 당할 수도 있습니다.

늦게까지 밥 먹고 한 잔하며 희망을 이야기했던 친구가 그 다음 날 죽음을 당하여 밤새 안녕할 수도 있고 하는 것이 인생사입니다.

'꽃은 피고 이윽고 시들며 죽는다.'는 것이 불교의 가르침입니다. 선운사 법당 뒤쪽에 5백 년이 넘은 동백꽃이 군락을 이루고 있는데 햇빛이 비추면 찬란한 동백꽃 물결을 이룹니다.

그러나 겨울 찬바람이라도 세차게 부는 날에는 칼날에 목이 잘려 나간 병사의 모습처럼 처참하게 눈 덮인 땅 위에 흩어져 있곤 합니다. 그래서 쳐다보다가 당황스러워 순간 고개를 돌리는 경우도 있었습니다.

인연이란 예측할 수 없는 모양으로 나타났다가 어느 날 갑자기 예고 없이 떠나갑니다. 그러므로 서로 함께 있을 때 잘해야 나중에 후회가 덜 하게 됩니다.

그러나 함께 있을 때는 정녕 그 소중한 의미를 다 모릅니다. 더 이상 함께 할 수 없게 되었을 때 비로소 그는 혼자 중얼거립니다.

'그 사람처럼 날 사랑해주고 그 사람처럼 나의 고통을 덜어 줄 사람이 이젠 없구나!' 하면서 말없이 눈물짓는 것입니다. 있을 때 잘하도록 노력해야 하겠습니다.

비 오는 날에

우산을 쓰고
길을 걸으면
왠지 마음이 든든해집니다.

바로
우산 손잡이를
꽉 쥐고 있으면
비를 피할 수 있다는
믿음
때문일 것입니다.
부처님은
우리의 아픈 마음을
치유해 주시고
암울한 마음에
희망의 빛이 되시고
용기를
주시는 분이십니다.

인생길에
부처님을 알고 산다는 것은
든든한 손잡이가 아닐 수 없습니다.
오늘도 부처님의 손잡이 꽉 잡고 계시지요?

금은

쉽게 변하지 않는
불변을 상징하고
세상에서 귀하게 여기는 재물입니다.

그런 의미에서
부처님 상에도
금색으로 옷을 입혀드립니다.

돈을 좇는 인간의 마음은
거의 절대적이랄 만큼
강한 집착을 보입니다.

생각을
비워
불변의 마음을 얻으려는
수행자의 집념도
절대적이라 수 있습니다.

사실
마음의 본질이
금색의 빛입니다.

그러므로
금색의 빛을 지닌
인간의 마음을 다루는 경전을
금강경이라고 합니다.

여러분은
금강경 공부를 통해서
금색의 빛인
자기의 마음을 만날 수 있을 것입니다.

<u>흙을 흩으면</u>
<u>땅속에 파묻혀있는 금이 드러나듯이</u>
<u>인연 따라 일어났다가</u>
<u>사라지는 생각과 감정들에</u>
<u>이끌리지 않고 놔버리면</u>
<u>금강같이 빛나는 마음의 본색이</u>
<u>드러나게 됩니다.</u>

사람은

누구나

고통을 떠나

즐겁고 유쾌하고 행복하기를

원합니다.

삶이 힘들어

위로받고 싶을 때는 기도하고

삶을 즐기고 싶을 때는 염불 노래를 부르세요.

기도는

수고하고 무거운 삶의 무게에 눌려 쓰러지려고 할 때 부처님의 손을 잡고 일어나는 것이요

염불은

일어나 부처님과 함께 동행하는 것입니다.

평지가

하늘 높이 솟아올라

태산이 되도록 기도하고

물이

자기를 비워

아래로 흘러 바다에 이르도록

중단 없이

염불하도록 하세요.

날씨란

'날+씨'로써

그날 나타날 일기의 정보를 담고 있다.

노인들은 일기변화에 아주 민감하게 반응하신다.

"비가 오려나, 왜 이리 몸이 천근만근 무겁고 쑤시나."

하신다.

조금 있으면 일기가 불순해져서 먹구름이 끼면서

비가 내리는 것을 볼 수 있다.

날의 씨가 좋으면

맑은 하루가 되고

날의 씨가 나쁘면

흐린 하루가 된다.

사람도 마음씨를

밝게 가지면

밝은 인생길이 열리고

마음씨를 흐리게 가지면

어두운 인생길이 열리게 된다.

현재의 모습은

자기의 마음이 그렇게 만들어 냈고

현재의 마음 씀씀이는

내일의 자기를 만들어내는 밑그림이다.

해맑은

갓난아이의 상태로
돌아가기 위해서는
알아차림만 필요한 것이지
유식한 지식이나
성스러운 말씀들이
필요한 것이 아닙니다.

그런 것은
도리어
정신을 긴장시키고
현실적으로는 시시비비의 갈등과 대립을 일으키는 원인이
됩니다.

지식이나 말씀들은
지금까지 자기를 만들어온 것들을 모두 내려놓고 갓난아이로 돌아가게 하는 동기부여 정도면 충분합니다.

이것이
"천국은 어린아이 것이니 저희가 하나님을 볼 것이다."라고
말씀하신 배경입니다.

어
린
아
이
가

철학이나 불교나 기독교가 필요할 리가 없습니다.

그냥 착한 마음으로 살아가면서

놀자니 염불한다고 기도하고 명상하면 되는 것입니다.

어린아이로 돌아가려는 자신에게

세상적인 것을 너무 많이 알게 하고 지니게 하지 마세요.

○

나무가
<u>낙엽을 방생하듯이</u>
<u>우리 인생도 때때로 마음을 비워내서</u>
<u>방생의 삶을 살아야 합니다.</u>

가을바람에 우수수 떨어지는 낙엽이 운치가 느껴지는 요즘입니다. 가을을 보내는 우리 마음속에도 비워 떨쳐내야 할 낙엽들이 많이 있습니다.

낙엽을 자연으로 돌려보내야 새싹이 돋아날 밑거름을 만들어 자연이 자생력을 회복해서 건강한 성장환경을 만들어 줍니다.

서로 인연된 사람끼리도 마음속에 힘들게 하는 '낙엽'들이 있다면 떨쳐내야 건강한 관계를 회복할 수 있습니다. 그런 점에서 '낙엽'이란 자연이나 인간관계나 새싹을 돋아나게 하는 자양분입니다.

계절이 변화를 촉구하는데도 불구하고 나무가 낙엽을 떨쳐내지 못하고 추운 겨울이 되도록 가지에 낙엽을 붙들고 있다면 그 나무는 낙엽과 함께 얼어 죽고 말 것입니다.

산도 물을 붙들어 가두지 않고 방생(흘려보냄)하여
넓은 바다에 이르게 하듯 인연이 되어 함께 살아간다는 뜻은

서로 마음을 헤아려 챙겨주고
보다 넓은 세상을 열어주며 위하여 살라는 의미입니다.

나무가 낙엽을 내려놓고 산이 물을 흘려보내듯 서로를 힘들게 하는 마음을 내려놓고 상대를 위하여 살아가야 행복하게 잘 살다 가는 인생이 됩니다.

사
람
은
자기
변화를 위한
큰 뜻을 품고
착한 사람
어진 사람
아름다운 사람이 되기 위해서
마음의 움직임을
읽어보는 관찰이 있어야 합니다.

   사람을 사람답게 만드는데 실패한 현대사회는 사람과 사람 사이를 믿지 못하게 만들었습니다. 떠돌이처럼 주변에 무관심한 폐쇄적이고 이기적인 '나 홀로' 인간형을 양산해 내고 있습니다.

   대중 속의 고독이란 상황은
몸은 함께 있지만
마음은 함께 하지 못하고
나그네처럼 떠돈다는 의미입니다.

마음공부를 한다는 것은

무한대한 마음의 세계에

눈을 떠서

'나 홀로' 심리상태에서

벗어나서

자유롭고

생명력 넘치는 자기로

다시 태어나게 하는 것입니다.

○

삶이란

매일매일 죽어가는 연습입니다.

내 어릴 때 어느 한 분이 눈을 감으셨습니다. 그 뒤로 눈을 뜨시는 걸 본 적이 없습니다. 최근에 또 한 분이 눈을 감으셨습니다.

그 역시도 눈을 뜨시는 걸 본 적이 없습니다. 출가해서 인연이 된 여러 불자가 눈을 뜨지 못한 모습을 여러 번 지켜봤습니다.

오늘 새벽에도 한 분이 주무시다가 영영 눈을 뜨지 못하게 되었습니다. 인생사 지켜보면 허망하기 짝이 없습니다.

한평생 끌어모으고 화내고 나는 나, 너는 너로 나누어 편 가르고 사는 것이 다 부질없이 느껴집니다. 난 오늘 아침에 눈을 떴습니다. 그래서 하루 동안은 살아있어야 할 이유가 생겼습니다. 무엇으로 채워갈까 잠시 생각해 봅니다.

내일도 아마 눈을 뜨고 그리고 모래도 그러하겠지만, 그러나 언젠가는 눈을 뜨지 못하게 될 것입니다. 오늘 아침이 되었어도 눈을 뜨지 못한 이웃들이 많이 있을 것입니다. 그런데 난 눈을 뜨고 자리에서 일어났습니다.

기적이 아닐 수 없습니다. 오늘 하루 동안도 주어진 시간에 감사하며 함께 행복한 마음이 되도록 노력해야겠습니다.

오직 빛으로 살아가리

빛나는 마음은
빛의 인생으로 살게 하고
그늘진 마음은
어두운 인생을 살게 합니다.

철 따라 그냥 그늘진 곳에서
흐릿하게 색깔 내다, 바람결에 떨어지는 낙엽은
감동 대신 마음을 오싹하게 만듭니다.
햇살 눈부시게 받으며
생생하게 살아 있다, 떨어지는 고운 단풍잎은
환호성을 지르게 합니다.

난이라고 다 같은 난이 아니며
수석이라고 다 같은 수석이 아니며
물이라고 다 같은 물이 아니며
꽃이라고 다 같은 꽃이 아니며
별이라고 다 같은 별이 아니며
사람이라고 다 같은 사람이 아닙니다.

빛을 머금은 것이라야 진정 생생하게 살아 있는 것입니다.
아무리 보석이라도
빛을 머금지 않으면
돌멩이에 불과하고
길거리 흩어져 있는 돌멩이라도
빛을 머금으면 보석이 됩니다.

기도와 염불은
빛이 없는 그늘진 마음을
빛이 충만한 마음으로 바꿔 줍니다.
마음이 빛을 머금어 빛나면
눈도 따라 빛나고
얼굴도 따라 빛나고
몸도 따라 빛나고
말도 따라 빛나고
인생도 빛남으로 가득 차게 됩니다.

가을 단풍이
사람의 마음을 황홀하게 하는 것도
빛을 머금었기 때문이듯
부처님께 집중하는 것도
부처님이 빛을 머금었기 때문입니다.

어둠을 바라보면

어둠이 되고

빛을 바라보면

빛이 됩니다.

오늘도

부처님을 떠올리며

빛이 마음속에 가득한

빛나는 하루 되세요.

○

함께

잘살아가기 위해서는 상대가 자기와 같아야 한다고 고집해서는 안 됩니다. 세상에 자기는 한 사람으로 족합니다.

만약 세상에 자기와 같은 사람이 또 한 사람 있다면 좋겠습니까? 아닙니다. 대단히 혼란스런 문제들이 기다리고 있습니다.

신은 똑같은 생명체를 탄생시키지 않기에 한날한시에 태어난 쌍둥이도 개성이 다릅니다.

그래서 우리는 다른 사람과 함께 하지만 다름을 인정하며 살아야 합니다. 그것은 신에 대한 기본적인 예의입니다.

다름을 인정치 않고 자기와 같아야 한다고 고집부리면 그것은 서로 다르게 창조한 신에 대한 심각한 모독이 됩니다.

산과 물이 더불어 살아가지만, 산은 산이요, 물은 물이듯이 융합 속에서 다양성의 하모니를 만들어 가야 하는 것이 우리에게 주어진 길입니다.

열 개의 손가락을 펴면 생김새가 모두 다릅니다. 그러나 주먹을 쥐면 손바닥 위에 일렬로 자리를 잡습니다. 열 개의 손가락이 각각의 역할을 수행하는데 만약에 새끼손가락이 왜 자기만 가지고 새끼 역할을 시키느냐고 반기를 들고 엄지손가락 역할을 하겠다고 나선다면 어찌 되겠습니까?

자기가 그 누구처럼 될 수 없고 상대 또한 나처럼 될 수 없습니다. 나는 나답게 상대는 상대답게 살아있으면 됩니다.

몸이란

땅인 지구의 성질을 닮아서 끝없이 끌어모아 품고 있으려고 합니다. 모태 속에서 어머니가 태아를 품었던 심리는 바로 지구가 만물을 끌어안고 있는 데서 비롯되었습니다.

그래서 세상에 태어나서는 끌어모으는데 집착하다가 죽을 때는 원래의 출처인 땅(지구)에 모든 것과 함께 몸을 돌려주고 빈손으로 떠납니다.

마음은 한 점點에도 머무르지 않는 자유로운 하늘의 성질을 가지고 있지만, 몸과 함께하는 동안은 몸의 욕구를 충족시키는 수단으로 동원되어 일꾼 노릇을 하러 밖으로 뛰어다닙니다.

보고, 듣고, 숨 쉬고, 맛보고, 느끼고 생각하는 모든 움직임이 오직 밖을 향해 집중되어 있습니다.

수행이란,

이러한 몸과 맘의 출처를 이해하고

마음이 몸의 요구에 따라 살아왔던 방식을 이용하여

어디에도 머물러 있지 않은

무집착한 하늘을 닮은

마음의 성질을 회복하도록 만들어 줍니다.

내
안의 나를

만나러
문 앞으로 다가서니
사천왕이 험상궂은 표정을 지으며
발길을 막아선다.

한 편의 시(나옹선사 씀)를 내밀며
한 글자도 틀리지 않게 외워야 통과시켜 주신다고 한다.
몇 번의 착오를 거쳐서 결국 외웠더니
두 손 모으며 어서 들어가라 하신다.

"청산은
나를 보고 말없이 살라 하고
창공은
날 보고 티 없이 살라 하네.
사랑도
벗어 놓고
미움도
벗어 놓고
물 같이
바람같이
살다가
가라 하네."

하늘나라 보살이 춤을 춘다

하늘나라 사람들은
꿰맨 자국이 없는

옷을
입고 산다고 한다.
하늘 아래 인간의
일생이란
한 장의 긴
천을 펼쳐서
자기 몸에 맞는 옷을
만들어 가는 과정을 산다고 할 수 있다.

한 발자국 또 한 발자국
내디딜 때마다
바늘과 실이
희로애락을
천위에 뜨고
살아가는 인생사라 할 것이다.

오늘 천도재에 참여한 유희연 보살님의 살풀이,
고풀이 몸짓을 보면서 초대받은 조상 영혼들이
바느질 매듭이 전혀 없는 위에서 아래까지
통으로 된 하늘나라 옷으로 갈아입는 변신을 지켜볼 수 있었다.

옷 곳곳마다
힘겹고 아픈 사연으로 매듭지어져 있던 영혼들이
한 번의
손짓과 발짓 속에서
실밥이 한 올 한 올 풀리면서
맑고 밝은 하늘나라의 마음을 회복해낸다.

날갯짓은
영혼을
축제의 마당으로 불러드리는 손짓이 되고
극락으로 떠나보내는 축복의 꽃비가 되어
영혼에게 하늘나라로 날아갈 수 있게 날개를 달아주는
초월의식이 된다.

산 자나 죽은 자나
인간이나 미물이나
일체의 생명들이
삶의 고통에서 벗어나
삶이 곧 춤이 되는
그런 행복한 세상을 꿈꾸는
당신은
아픈 세상에 춤으로 나타난 지장보살님이시다.

사랑은 매 순간 나를 창조하는 것

사랑을
받지도 않고 하지도 않는다면
그 인생은
죽은 것이나 다름없습니다.

대상이 무엇이든지
자기가 살아있는 동안
사랑은 계속되어야 합니다.
그래서
저는 오늘도
저를 사랑하기 위해서 염불을 합니다.

사랑의 에너지는
자기를 빛 가운데 머물게 하며
마음을 깨어있게 합니다.
사랑을 하면
세포 하나하나를 살아나게 하는
건강의 약이 되고
세상을 행복하게 바라보게 하는

긍정의 힘이 되고
마음을 매일매일 새롭게 하는
창조의 힘이 되고
자기가 세상 속에서 살아 있어야 하는
이유를 알게 합니다.

사랑을 하는 동안은
지나간 과거에 붙잡힌 포로 같이
무기력함이 있을 수 없고
현재의 편안함에 길들어 안주하지 않고
새로운 창작을
계속해 나가게 합니다.

염불을 통해 깨어있음은
세상 속의 자기를
매일매일
새롭게 창조해 내는 작업을 하는 것입니다.

세상의 흐름에 의해
끌려다니는 것이 아닌
변화하는 세상 속에
당당히 살아있는 것입니다.

그래서

마음이 깨어 있다는 것은

날이면 날마다

기분 좋게 살아 있게 합니다.

○

생각이 창조자다

이 세상에 갓 태어난 순간은
점 하나도 찍히지 않고
그냥 비어있는
빈 노트와 같다.
인생이 점찍고, 글 쓰고, 그림 그리는 것이라면
보는 이로 하여금
감동을 느끼도록 정성을 기울이자.
어차피 한 바퀴 돌아와
감동을 하든
아니면
혹평을 하든
내가 나를
평가하게 될 것이니
그래서 이를 숙명이라고 하는 것이다.
우리는 지금까지 수많은 점을 찍어 왔다.
그 점들이 모여 선이 되고
선이 모여 인생의 밑그림이 된다.
작은 하나의 점 속에
다음 생에 풀어내야 할 숙제가 들어있는 것이다.

돌아감

푸르른 소나무 사이에
피어난 산꽃이
천 송이 만 송이 꽃향기 되어
솔바람 타고 흐르는 그곳
화려한 날갯짓
아름다운 새 소리 들리는
세 발 달린 극락조가 살던 곳
솔잎 마다
팔만장경이 새겨져 있고
꽃잎 마다
육바라밀이 그려져 있어
흐르는
꽃향기가
계향, 정향, 혜향, 해탈향, 해탈지견향을
전해 주어
평온과 행복을 느끼게 하던 곳
그곳으로 나는 돌아
가
련
다.

나가기

이
'한 자루 향이 되어'가
휴식을 미룬 채
쉼 없이
앞만 보고
달려가는
여러분들에게
잠시
쉼이 될 수 있고
삶의 여유를
느끼게 할 수 있다면
다행이겠습니다.
여러분은
빛이요
행복이요
영원
입
니
다.

참선체조수행
프로그램 안내

1. '참 행복한 나' 강의

본질에서 인간은 단 한 번도 벗어난 적이 없는 온전한 존재이다. 힘겨운 현실이 자신의 몸과 정신과 마음을 무너지게 해도 그 본질은 조금도 망가진 적이 없다.

이 세상이 혼란스럽게 느껴져도 자연의 법칙은 일정하게 유지되고 있는 것과 같다. 존엄한 자신의 참모습을 이해하고 이를 체현해 내려는 동기를 부여하는 데 목적이 있다. 강의 때마다 '참 행복한 나' 저서의 소제목을 가지고 얘기를 진행한다.

2. 걷기 명상(움직임과 함께)

몸의 정중선에 힘이 머물게 하며 골격계, 근육계, 신경계를 좌우로 대칭시켜서 몸의 균형을 회복한다. 균형이 회복된 몸은 정신적 균형 감각을 회복하게 되기도 한다.

천천히 걸으면서 발바닥이 땅바닥과 입맞춤하는 그 느낌을 알아차리도록 하면서 정신이 '현재' 곧 움직임과 함께하도록 한다.

석가 삼존불에서는 좌측에 문수보살, 우측에 보현보살이 자리하고 있고 아미타삼존불에서는 좌측에 관음보살, 우측에 대세지보살이 자리하고 있다.

좌측에 위치한 문수와 관음은 중앙의 주불을 오른쪽에 두고 있고 우측에 위치한 보현과 대세지는 중앙의 주불을 왼쪽에 두고 있다.

그러므로 마음을 비워 지혜를 계발하려고 하면 옆구리를 우측에 두고 오른쪽 발을 축으로 해서 도는 형식을 취하고 현실적인 능력을 계발하고자 할 때는 옆구리를 좌측에 두고 왼발을 축으로 해서 도는 형식을 취하도록 한다.

이것은 태양을 중심으로 지구가 자전하면서 공전하는 방향과 같다. 에너지를 품고 있는 물체가 태양의 빛을 받아서 함축한 에너지를 발산하여 형형색색의 물질로 꽃 피워내는 과정은 원심력이 작용하는 것과 같다.

이는 마치 설탕이나 소주에 담아둔 열매들이 삼투압 작용에 의해 진액이 밖으로 흘러나오는 것과 같으며 남자가 정액을 방사할 때의 에너지가 발산되어 나오는 과정도 마찬가지이다.

불교의 만자(卍字)는 에너지의 물질화(원심력), 물질의 에너지화(구심력)의 과정을 그대로 표상해 주고 있다.

극소무한대한 원자의 움직임에서 극대무한대한 천체 별들의 움직임까지 그리고 인간사회의 모든 움직임이 바로 돌고 도는 이치를 따르고 있다.

사찰에서 탑을 도는 의식과 영가를 천도하는 의식을 진행하는 동안에 법성게法性偈를 외우며 법당 안에서 원을 그리며 도는 것도 물질화된 마음을 비워내서 본래의 청정한 마음 상태로 돌려주는 이치가 담겨 있는 것이며 또한 그렇게 에너지 작용이 일어나는 것이다.

3. 발우 명상(텅 빔과 함께)

걷기 명상의 일종으로 현대인들에게 부처님의 수행정신을 본받게 하고 걷는 속에서 부처님의 마음을 깨닫게 하려고 본 선원에서 개발한 수행법이다.

부처님께서 법제자에게 전하신 옷 한 벌과 밥그릇 하나는 법을 이어받은 법왕자라는 징표와 함께 이 세상이 끝나고 시작되는 죽음의 세계, 그리고 그 죽음의 세계가 끝나고 시작되는 열반의 세계를 향해서 오직 한 길로만 정진하라는 촉구이면서 수행의 과정에 있는 사람은 옷 한 벌과 밥그릇 하나 이외에는 소유하지 말라는 유지인 것이다.

세상 속에 머물러 있지만 세상적인 가치추구를 중단하고 절대의 세계를 향해 나아가는 수행자는 세상적인 것이라는 것은 자신의 몸을 지탱하기 위해서 알몸을 감싸는 천 하나와 얻어먹고 살아야 하므로 탁발에 필요한 밥그릇인 발우 이외에는 소유하지 못하게 했던 것이 부처님이 수행자들에게 내린 수행지침이셨다.

그래서 스님들은 아무런 수고도 없이 수많은 사람들의 손을 거쳐서 자기 입에 들어오는 음식물에 대한 무한한 감사를 표하고 반드시 성불을 통해서 은혜를 갚겠다는 각오에서 공양게를 읊는다.

수행자가 철저하게 무소유한 청빈의 삶을 살아야 하는 이유는 깨달음이나 영혼의 구제를 위해서는 철저하게 물질 세상을 초월한 절대로 순수한 마음 상태에 이르지 않으면 안 된다. 그러므로 '본래 한 물건도 없다'는 철저히 무소유한 청빈 생활을 하지 않으면 안 된다.

발우 명상을 실시하는 이유는 세속적인 가치추구를 하는 불자들에게 수행자가 자기 몸을 지탱하기 위해서 탁발에 사용하는 밥그릇인 발우를 들고 걷게 함으로써 무소유한 정신을 이해케 하고 나눔의 삶을 통해서 자신을 비우도록 보시의 중요성을 일깨우기 위함이다.

이 발우 명상을 통해서 불자들은 작은 소유로도 큰 만족을 느끼며 행복해 할 수 있는 소욕지족의 정신을 깨닫게 된다.

4. 명상체조(자연리듬 회복)

    망가진 몸의 각 부분을 수리하여 균형 있고 단정한 몸을 만드는 과정으로 돌 전후하여 아이의 움직임을 따라 몸을 재생하는 '기는 동작' 과정을 밟고 목, 등, 허리와 골반, 다리의 골격과 근육을 바로 잡아서 기혈유통, 신경유통, 호르몬 유통을 시키는 교정체조와 '타동법'을 실시하게 되며 파트너를 정하여 상호 몸수리에 참여해서 건강을 회복해 내는 과정이다.

5. 관음명상(소리로써 심신을 정화)

소승이나 대승에서 사용하는 수행법의 핵심은 지관쌍수 즉 마음을 어지럽히는 잡념을 다스리고 맑고 밝은 빛의 실체인 마음의 본색이 스스로 드러나게 하는 데 있다.

그러므로 부처님이 대중 가운데서 한 송이 연꽃을 들어 보이신 것이나 운문선사의 고함소리나 조주선사의 차 한 잔이나 구지선사의 촛불 한 자루 등도 지관쌍수의 범위에서 벗어나지 않는다.

본 선원에서 실시하는 소리명상은 우주운동의 시작과 끝이라는 전 과정의 의미를 담고 생명의 본질이라는 의미를 담은 '옴' 소리를 가지고 마음을 어둡게 하고 불안케 한 번뇌망상을 다스려서 마음의 본래 모습인 행복(극락)이 드러나도록 수련한다.

옴 소리는 모든 소리 중에서 가장 파장이 길어서 사물의 표면을 쉽게 투과하여 중심내부에서부터 자극을 주기 시작하여 표면으로 옮겨온다. 그러므로 온갖 번뇌 망상을 쉽게 다스려내서 본질인 참 나로 곧바로 좇아 들어가 참 나가 깨어나도록 작용을 한다.

 자연계에는 수많은 파장들이 있는데 파장이 긴 것은 사람의 중추신경계에 영향을 주어 자율신경계의 실조증을 다스리고 혈액순환 촉진, 호흡의 안정을 가져오며 생리기능의 활성화, 심리적인 안정, 균형 잡힌 사고까지 가능하게 한다.

 이 소리명상을 지속적으로 하게 되면 잘못된 행위와 인식으로 발생된 기억의 힘으로부터 벗어나게 된다. 집중의 힘이 강해지면 부처님의 백호광명에서 강력한 빛에너지가 나의 머리 위에서부터 아래로 쏟아져 내리는 관상을 하면서 하도록 한다.

 생리나 심리적인 정체를 불러오는 억압되어 응축된 한恨을 토해 낸다고 하지 들이마신다고 하지 않는다. 생각이나 감정이 어지러워지면 기와 호르몬과 혈액순환에 문제가 생기고 심리적인 정체를 만들어 사고의 경직을 가져온다.

 이때에는 소리를 길게 내면서 숨을 토해내는 한 글자로 된 옴 소리를 명상이 효과적이다. 처음에는 소리의 톤을 약간 높여서 하다가 심신의 응결이 풀어지면서 안정된 톤으로 자리 잡게 된다.

 고무줄 늘이듯이 끝으로 갈수록 가늘어지듯이 토해내는 숨 길이가 마지막 끊어지는 지점까지 토해 내도록 하며 소리의 전 과정을 놓치지 말고 지켜보도록 한다.

6. 호흡명상

　대념처경, 신념경, 입출식념경 등 세 경전은 부처님께서 당시 제자들을 직접 지도하셨던 내용을 담고 있으며 그 가르침의 중심에는 호흡이 있다. 호흡을 통해서 번뇌와 고통을 여의고 열반의 행복을 성취해 낼 수 있다는 것을 알 수 있는 것이다.
　진리는 무얼 말하는가? 바로 생명활동의 진짜 모습을 말하는 것이다. 살아 움직이는 생명활동의 참모습을 내 몸에서 찾는다면 삶이란 숨 한 번 들이마시고 죽음이란 숨 한 번 내쉬는 것에서 찾을 수 있다.

　바다가 일렁거리며 높은 파고를 일으키는 것이 삶이요 이어서 파도가 산산이 부서져서 바다로 돌아가는 것이 죽음인 것이다.
　그리고 또다시 파고를 일으켰다가 바닷물로 돌아가는 것을 반복하는 것이다. 한 번 일어날 때마다 삶이 일어나고 한번 부서질 때마다 죽음으로 돌아가는 움직임 속에는 똑같은 내용의 반복이란 존재할 수 없으며 오직 새로운 변화현상만이 일회성으로 반복 될 뿐이다.

그러므로 움직이는 물에는 일정한 형상이나 특징이 있을 리 없어서 본질적으로 무소유, 무집착의 성질을 띠게 되는 것이다. 한 번 일으킨 파도를 한 번 산산조각내서 바다로 돌려보내기 때문이다. 그래서 움직이는 물은 어느 한 곳에도 생각이나 감정을 쌓아둘 공간이 없다.

그러나 인간의 생각이나 감정, 느낌은 과거의 산물인 기억에 의존함으로 수많은 생각이나 감정, 느낌의 굴레에 갇혀 살면서 이를 시스템이니 원리니 운명이니 치부하며 변화를 거부하면서 살고 있다. 숨을 한 번 들이마시고 한 번 내쉬는 속에 새로운 느낌이 창조되어 나타난다.

단지 기계적인 호흡활동으로 무관심 속에 방치되어 있으므로 '참 삶'의 의미, 맛을 놓치고 사는 것뿐이다. 하루에 단, 5분이라도 숨이 들어오고 나가는 호흡현상을 관찰하는데 시간을 투자해 보면 평소에 자신이 얼마나 많을 것을 놓치고 잃어버리고 살았는지 알 것이다. 멈추어 비운 자만이 움직이는 모든 것을 알아차릴 수 있다.

7. 자성불의 수기

　인간은 누구나 언젠가는 생사를 해탈하여 부처가 되도록 예정되어 있는 것이다. 경전에 보면 부처님께서 제자들을 수기하며 언젠가는 부처가 될 것이라는 말씀을 하시는 것을 볼 수 있다.
　'자성불 수기'란 자기 스스로 언젠가는 번뇌와 망상을 타파하고 부처가 되리라는 것을 자신에게 각인시키는 의식이다. 또한 자기 가정의 식구들은 물론이거니와 자신의 마음을 아프게 한 사람도 대상이 되어 서로 간에 묵은 감정의 기운을 풀어내고 부처님이 되도록 축복하기도 한다.

　부처님처럼 바로 앉아서 두 눈을 감고 몸을 이완한 후 빛 명상상태에서 진행하는 것을 원칙으로 하지만 때론 자리에 누운 상태에서 진행해도 무방하다.

한 자루 향이 되어

초판 1쇄 인쇄 2018년 10월 02일
초판 1쇄 발행 2018년 10월 10일

지은이 종학스님　　**그림** 화연행
펴낸이 김양수
표지 본문 디자인 곽세진　　**교정교열** 박순옥

펴낸곳 도서출판 맑은샘　　**출판등록** 제2012-000035
주소 (우 10387) 경기도 고양시 일산서구 중앙로 1456(주엽동) 서현프라자 604호
대표전화 031.906.5006　　**팩스** 031.906.5079
이메일 okbook1234@naver.com　　**홈페이지** www.booksam.kr

Copyright ⓒ 2018 by 화연행 All Rights Reserved

ISBN 979-11-5778-336-6 (03220)

*이 책의 국립중앙도서관 출판시도서목록은 서지정보유통지원시스템 홈페이지(http://seoji.nl.go.kr)와 국가자료공동목록시스템(http://www.nl.go.kr/kolisnet)에서 이용하실 수 있습니다. (CIP제어번호 : CIP2018031656)
*이 책은 저작권법에 의해 보호를 받는 저작물이므로 무단전재와 무단복제를 금지하며, 이 책 내용의 전부 또는 일부를 이용하려면 반드시 저작권자와 도서출판 맑은샘의 서면동의를 받아야 합니다.
*파손된 책은 구입처에서 교환해 드립니다.　　*책값은 뒤표지에 있습니다.